NIESAMOWITE SERNIKI BEZ PIECZENIA KSIĄŻKA KUCHARSKA

100 przepysznych przepisów na sernik bez pieczenia dla miłośników deserów, wraz ze wskazówkami i technikami, dzięki którym Twój sernik stanie się lepszy i zaimponujesz gościom

Ada Michalak

Materiały chronione prawami autorskimi ©2023

Wszelkie prawa zastrzeżone

Żadna część tej książki nie może być używana ani przekazywana w jakiejkolwiek formie i w jakikolwiek sposób bez odpowiedniej pisemnej zgody wydawcy i właściciela praw autorskich, z wyjątkiem krótkich cytatów użytych w recenzji. Tej książki nie należy traktować jako substytutu porady medycznej, prawnej ani innej profesjonalnej porady.

SPIS TREŚCI

SPIS TREŚCI 3
WSTĘP 7
KWIATOWE SERNIKI 8
   1. Sernik różany bez pieczenia 9
   2. Serniki z hibiskusa bez pieczenia 11
   3. Jadalne Mini Serniki Kwiatowe Bez Pieczenia 14
   4. Sernik z groszku motylkowego bez pieczenia 17
   5. Sernik jagodowo-lawendowy bez pieczenia 20
   6. Jaśminowy sernik bez pieczenia 23
OWOCOWE SERNIKI 26
   7. Sernik malinowo-cytrynowy bez pieczenia 27
   8. Sernik limonkowy bez pieczenia 30
   9. Potrójny sernik jagodowy bez pieczenia 33
   10. Filiżanki do sernika czekoladowego bez pieczenia ... 35
   11. Morelowy sernik bez pieczenia 37
   12. Sernik truskawkowy bez pieczenia 39
   13. Sernik jagodowy bez pieczenia 41
   14. Sernik jabłkowy bez pieczenia 43
   15. Sernik Mango bez pieczenia 45
   16. Bananowy kremowy sernik bez pieczenia 47
   17. Wegański sernik jagodowy bez pieczenia 50
   18. Sernik Malinowy Bez Pieczenia Trufli 52
   19. Bananowy Sernik Oreo bez pieczenia 54
   20. Sernik z marakui bez pieczenia 57
SERNIK ORZECHOWY 60
   21. Sernik bez pieczenia z pomarańczą i makadamią..... 61
   22. Migdałowy sernik bez pieczenia 64

23. Sernik czekoladowo-orzechowy bez pieczenia 66

24. Migdałowo-jagodowy sernik bez pieczenia 68

25. Migdałowy sernik bez pieczenia 70

WARZYWNE SERNIKI 74

26. Sernik Ube bez pieczenia 75

27. Sernik dyniowy bez pieczenia 78

28. Sernik bez pieczenia z awokado i limonką 80

29. Piernikowy sernik dyniowy bez pieczenia 83

30. Sernik z dyni bez pieczenia 86

ZIOŁOWE SERNIKI 89

31. Sernik bez pieczenia z bazylią, limonką i truskawkami 90

32. Sernik matcha bez pieczenia 93

33. Sernik bez pieczenia ze słodką bazylią i cytryną 96

34. Miętowy sernik bez pieczenia 99

35. Rozmarynowo-miodowy sernik bez pieczenia 102

36. Miętowa tarta sernikowa bez pieczenia 105

37. Sernik z imbirem i kolendrą bez pieczenia 108

CIASTKA I CUKIERKI SERNIKI 111

38. Sernik Toblerone bez pieczenia 112

39. Kruche Sernik bez pieczenia 114

40. Sernik Oreo bez pieczenia 116

41. Sernik urodzinowy Funfetti Oreo bez pieczenia 118

42. Kokosowy sernik z makaronem bez pieczenia 121

43. Czekoladowy sernik cannoli bez pieczenia 123

44. Sernik z podwójną czekoladą bez pieczenia 125

45. Sernik mokka bez pieczenia 129

46. Sernik bez pieczenia z masłem orzechowym 132

PUCHOWE SERNIKI 134

47. Sernik ajerkoniak z rumem bez pieczenia 135

48. Bez pieczenia Sernik Margarita 138

49. Sernik pinacolada bez pieczenia 140

50. Wódka Bez Pieczenia Toffi Sernik Jabłkowy 142

PIECZONE SERNIKI 145

51. Sernik Truskawkowy Tosty Francuskie 146

52. Owsiany sernik jagodowo-cytrynowy 148

53. Naleśniki z sernikiem truskawkowym 150

54. Sernik z mrożoną figą 152

55. Wegański Sernik Jagodowy 155

56. Sernik z mango 157

57. Sernik jagodowy 159

58. Sernik żurawinowo-pomarańczowy 162

59. Sernik ze skórką cytryny 164

60. Odwrócone serniki z ananasem 166

61. Sernik z mandarynkami 169

62. Sernik Orzechowy 171

63. Ciasto makadamia i limonka 173

64. Sernik jagodowy 176

65. Bezglutenowy Migdałowy Sernik 178

66. Puszysty sernik japoński 182

67. Podwójny Czekoladowy Sernik Krówkowy 184

68. Japoński sernik 187

69. Sernik dyniowy 189

70. Sernik z plastrami dyni 191

71. Sernik z dyni 194

72. Mini serniczki z potworami 197

73. Indywidualne Serniki Limonkowe 199

74. Kartonowy Sernik Z Piekarnika 202

75. Niskowęglowodanowe serniki limonkowe 204

76. Twaróg Sernik 207

77. Ciasto dyniowe bez pieczenia Sernik 209

78. Sernik yuzu z mieszanymi jagodami bez pieczenia 211

79. Babeczki Sernikowe 214

80. Babeczki z sernikiem z kremem 216

81. Batony Sernikowe 218

82. Batony Sernik Dyniowy 220

83. Bomby sernikowe z mrożoną czekoladą i masłem orzechowym 222

84. Malinowe Trufle Sernikowe 224

85. Ciasteczka i śmietankowy sernik 226

86. Ukąszenia sernika z frytkownicy 228

87. Sernik z dyni Tarta 230

88. Tarty sernikowe Amaretto 232

89. Lody sernikowe 234

90. Sorbet Sernikowy 236

91. Przepis na lody sernikowe 238

92. Lody Sernikowo-Jagodowe 240

93. Lody jabłkowo-serowe 243

94. Wiśniowy Sernik Lody 245

95. Sernik z wędzonym łososiem 247

96. Sernik z kurczakiem i chilli 249

97. Serniki z mięsem krabowym i krabem 252

98. Sernik Daiquiri 255

99. Sernik pinacolada 257

100. Kahlua i sernik śmietankowy 259

WNIOSEK **261**

WSTĘP

Jeśli jesteś miłośnikiem serników, ale nie chcesz spędzać godzin w kuchni, to książka kucharska Serniki bez pieczenia jest dla Ciebie idealna. Dzięki 100 pysznym i łatwym w przygotowaniu przepisom na sernik bez pieczenia nigdy nie zabraknie Ci pomysłów na słodki poczęstunek.

Od klasycznych smaków, takich jak czekolada i truskawka, po bardziej unikalne kombinacje, takie jak masło orzechowe i galaretka lub jagodowo-cytrynowy przepis na sernik dla każdego kubka smakowego. Znajdziesz tu również opcje wegańskie i bezglutenowe, więc każdy może delektować się kremową dobrocią.

Oprócz tradycyjnych serników, książka kucharska zawiera przepisy na batoniki sernikowe, zakąski sernikowe, a nawet lody sernikowe. Istnieją przepisy na każdą okazję, niezależnie od tego, czy chcesz zaimponować gościom na przyjęciu, czy po prostu chcesz zafundować sobie leniwy weekend.

Każdy przepis zawiera instrukcje krok po kroku i piękne zdjęcia, które przeprowadzą Cię przez cały proces. Znajdziesz tu również pomocne wskazówki dotyczące zastępowania składników i pomysły na dekorację, dzięki którym Twoja gra w sernik wzniesie się na wyższy poziom.

Niezależnie od tego, czy jesteś początkującym, czy doświadczonym piekarzem, w książce kucharskiej Serniki bez pieczenia każdy znajdzie coś dla siebie. Przygotuj się na rozkoszowanie się bogatym i kremowym światem serników bez pieczenia.

KWIATOWE SERNIKI

1. Sernik różany bez pieczenia

Porcje: 4 Porcje

SKŁADNIKI

NA BAZĘ CIASTECZKOWĄ
- 50 g herbatników Marie
- 20 g stopionego masła

DO MIESZANKI SERNIKOWEJ
- 150 gramów Sera Kremowego
- 75 gramów śmietanki kremówki
- 20 g cukru pudru
- Esencja róży
- Różowy barwnik spożywczy kilka kropli

INSTRUKCJE

a) Zmiel herbatniki, dodaj stopione masło i mieszaj do połączenia.

b) Umieść 5-calowy kwadratowy pierścień ciasta na talerzu do serwowania, przenieś mieszankę herbatników i równomiernie rozprowadź łyżką.

c) Dobrze go dociśnij. Przechowywać w lodówce przez 5-10 minut.

d) W misce połącz serek śmietankowy, cukier puder, esencję różaną i różowy barwnik spożywczy. Ubijaj do uzyskania kremowej konsystencji.

e) W innej misce ubij śmietanę kremówkę, aż utworzą się miękkie szczyty.

f) Przenieś bitą śmietanę partiami i wymieszaj z masą serową.

g) Gdy składniki dobrze się połączą, przełóż masę z serka śmietankowego do przygotowanej bazy biszkoptowej.

h) Wypoziomuj i wygładź górę.

i) Udekoruj płatkami róży i pistacjami.

j) Przykryj folią spożywczą i wstaw do lodówki na noc.

k) Następnego dnia delikatnie zdejmij pierścień ciasta, pokrój sernik i podawaj.

2. Serniki z hibiskusa bez pieczenia

Sprawia: 3 Porcje

SKŁADNIKI
BAZA:
- 6 Herbatników trawiennych
- ⅛ szklanki roztopionego masła
- 1 łyżeczka miodu

POŻYWNY:
- ¼ szklanki serka mascarpone
- ½ szklanki Bitej śmietany, ubitej
- 1/4 szklanki suszonych kwiatów hibiskusa, umytych
- 7 gramów żelatyny, kwitnącej
- ¼ szklanki cukru pudru

SŁUŻYĆ
- Syrop z hibiskusa
- Kandyzowane kwiaty hibiskusa

INSTRUKCJE
ABY ZROBIĆ PODSTAWĘ:
a) Herbatniki kruszymy w mikserze i dodajemy tyle masła, ile potrzeba do połączenia.
b) Dodaj do tego miód.
c) Wciśnij to do małej formy do pieczenia i wstaw do lodówki na 30 minut.
d) Teraz rozpuść żelatynę w zimnej wodzie przez 10 minut i podgrzej ją w kuchence mikrofalowej przez kilka sekund i odłóż na bok.

WYKONYWANIE NAPEŁNIENIA:
e) W misce dodać serek mascarpone, bitą śmietanę, suszone i rozgniecione kwiaty hibiskusa, żelatynę kwitnącą i cukier puder.
f) Wszystkie składniki utrzeć na krem.
g) Wylej na biszkoptowy spód i wstaw do lodówki na 3 godziny.

ZŁOŻYĆ:
h) Sernik z hibiskusa podawaj z syropem i kandyzowanymi kwiatami.

3. Jadalne Kwiatowe Mini Serniki Bez Pieczenia

Przepis na: 18 mini serników

SKŁADNIKI
SKORUPA
- 2 szklanki okruchów krakersa graham
- 5 łyżek jasnobrązowego cukru
- 8 łyżek niesolonego masła, stopionego

POŻYWNY
- 16 uncji sera śmietankowego, zmiękczonego
- ⅔ szklanki bardzo drobnego cukru granulowanego
- 2 duże jajka
- 1 łyżeczka ekstraktu waniliowego lub pasty z laski wanilii
- ⅔ szklanki kwaśnej śmietany

DODATKI
- Garść jadalnych kwiatów, łodygi usunięte, umyte i osuszone
- 1 białko jajka
- 1 łyżeczka cukru granulowanego

INSTRUKCJE

a) Aby uzyskać skórkę, wymieszaj okruchy krakersa graham, brązowy cukier i roztopione masło. Wciśnij około 2 łyżek okruchów do 18 wyłożonych papierem foremek na muffiny.

b) Ubij ser śmietankowy na średniej prędkości, aż będzie gładki, w razie potrzeby zeskrobując miskę. Dodaj cukier i ubijaj, aż masa będzie jasna i puszysta.

c) Dodać jajka i wanilię i ubijać do uzyskania kremowej konsystencji.

d) Wymieszaj ze śmietaną.

e) Równomiernie podziel nadzienie sernikowe na 18 foremek na muffinki, nakładając do każdej po około 2 łyżki nadzienia.

f) Ułóż jadalne kwiaty na ręczniku papierowym. Posmaruj kwiat cienką warstwą roztrzepanego jajka, a następnie lekko posyp cukrem i powtórz czynność.
g) Ułóż 1-3 kwiaty na wierzchu każdego minisernika.
h) Zamrażaj przez co najmniej 2 godziny, aż serniki nie będą już wyglądać na mokre, ale środki nadal będą się poruszać.
i) Przed wyłożeniem na galaretki włóż serniki do zamrażarki na 15 minut.
j) Usuń i natychmiast zdejmij papierowe wkładki.
k) Ustaw na półmisku lub pojedynczych talerzykach deserowych i podawaj.

4. Sernik Motyl Grochowy Bez Pieczenia

Porcje: 6 porcji

SKŁADNIKI
- 1 łyżeczka esencji waniliowej lub migdałowej

NADZIENIE SERNIKOWE
- 750 g Jedwabnego Tofu
- 4 g Agar Agar w proszku
- 170 g Erytrytolu bez cukru
- 1,5 łyżeczki proszku z groszku motylkowego

PODSTAWA SERNIKOWA
- ½ szklanki herbatników Digestive
- 65 ml oleju kokosowego, stopionego

INSTRUKCJE
a) Aby zrobić bazę sernika, rozgnieć ciastka trawienne w plastikowej torebce za pomocą wałka do ciasta.
b) Następnie przenieś okruchy ciasteczek do miski, wlej roztopiony olej kokosowy i dobrze wymieszaj.
c) Przełóż masę ciasteczek do tortownicy z sernikiem.
d) Mocno dociśnij okruchy łyżką do dna, aby je ubić i utworzyć równą warstwę.
e) Następnie schłodź w lodówce przez godzinę lub zamrażaj przez 30 minut, aż spód ciasteczek stężeje i stwardnieje.
f) W międzyczasie opłucz i osusz jedwabiste tofu, aby usunąć solankę.
g) Pokrój blok tofu w kostkę, włóż do robota kuchennego i zmiksuj, aż będzie gładki i kremowy.
h) Przenieś zmiksowane tofu do garnka i po trochu dosypuj proszek agarowy, aby uniknąć grudek, mieszając, aż się połączy.

i) Następnie wymieszaj cukier lub słodzik erytrytolowy, aby uzyskać opcję niskosłodzoną, a następnie esencję migdałową lub waniliową, jeśli jej używasz.
j) Doprowadź mieszaninę tofu do delikatnego wrzenia i gotuj na małym ogniu przez 3 minuty, aby uaktywnić agar.
k) Mieszaj mieszankę podczas gotowania, aby zapobiec przywieraniu do dna patelni i spaleniu.
l) Następnie wyłóż jedną trzecią kremu tofu na zimny biszkoptowy spód.
m) Postukaj tortownicą o blat, aby usunąć pęcherzyki powietrza i wyrównaj nadzienie tofu szpatułką lub grzbietem łyżki.
n) W małej filiżance rozpuść proszek z groszku motylkowego w niewielkiej ilości kremu tofu, aż nie będzie grudek.
o) Następnie dodaj mieszankę niebieskiego groszku do pozostałych dwóch trzecich kremu tofu.
p) Dobrze wymieszaj, aż uzyskasz jednolity krem z niebieskiego sernika.
q) Ostrożnie wlej niebieski krem tofu na białą warstwę tofu.
r) Ponownie stuknij tortownicę o blat, aby usunąć pęcherzyki powietrza i wyrównaj niebieskie nadzienie tofu szpatułką lub tylną częścią łyżki.
s) Owiń foremkę folią spożywczą i wstaw sernik z groszku motylkowego do lodówki na 2-3 godziny lub do momentu stężenia nadzienia.
t) Umieść formę na wysokiej szklance, odblokuj lub poluzuj pierścień formy do ciasta i ostrożnie zsuń ją w dół.
u) Po uwolnieniu przenieś sernik z groszkiem motylkowym na talerz do serwowania, zdejmij podstawę z tortownicy i udekoruj ciasto według własnych upodobań.

5. Sernik Jagodowo Lawendowy Bez Pieczenia

Porcje: 6 porcji

SKŁADNIKI

SKORUPA

- 110 gramów bezglutenowych krakersów graham drobno pokruszonych (około 1 szklanki)
- ½ łyżeczki grubo zmielonych suszonych jadalnych pąków lawendy
- 4 łyżki stopionego masła

NAKŁADANIE BORÓWKOWE

- 1½ szklanki jagód
- ¼ szklanki wody
- 3 łyżki ekologicznego cukru trzcinowego
- ½ łyżeczki skórki z cytryny
- ¼ łyżeczki ekstraktu waniliowego
- szczypta soli
- ¾ łyżeczki suszonych jadalnych pąków lawendy

NADZIENIE SERNIKOWE

- ¾ szklanki schłodzonej śmietany
- 8 uncji sera śmietankowego w temperaturze pokojowej
- 4 uncje koziego sera w temperaturze pokojowej
- ½ szklanki organicznego cukru trzcinowego
- 2 łyżeczki skórki z cytryny
- 1 łyżeczka ekstraktu waniliowego
- ½ łyżeczki grubo zmielonych suszonych jadalnych pąków lawendy

INSTRUKCJE

a) Włóż krakersy graham do robota kuchennego. Przetwarzaj, aż uzyskają delikatną, piaszczystą konsystencję. Przełożyć do średniej miski. Dodaj lawendę, sól i masło. Dobrze wymieszaj widelcem, aby masło połączyło się ze wszystkimi okruchami. Umieść okrągły kawałek pergaminu na dnie tortownicy. Wciśnij okruchy łyżką i rękami na dno i trochę mniej niż ½ po bokach. Pamiętaj, aby mocno docisnąć. Umieść w zamrażarce.

b) Umieść 1 szklankę jagód i wodę w robocie kuchennym i mieszaj, aż zostaną posiekane na małe kawałki. Opróżnij mieszaninę do małego rondla. Dodaj cukier, skórkę z cytryny, wanilię i sól. Doprowadzić do wrzenia na średnim ogniu, ciągle mieszając.

c) Dodaj pozostałą połowę jagód. Umieść lawendę w torebce wielokrotnego użytku lub woreczku z gazy, zamknij i dodaj do sosu. Zmniejsz ogień i kontynuuj mieszanie, gdy lawenda się zarumieni. Gdy sos zgęstnieje, około 10 minut, zdejmij z ognia.

d) Kontynuuj strome lawendy przez kolejne 15 do 20 minut. Następnie wyjmij torebkę z herbatą lub saszetkę. Niech sos całkowicie ostygnie.

e) W dużej misce ubij ciężką śmietanę mikserem elektrycznym, aż utworzą się miękkie szczyty. W drugiej dużej misce ubij mikserem ser śmietankowy, kozi ser, cukier, skórkę z cytryny i lawendę. Gdy mieszanina jest w pełni połączona, użyj szpatułki, aby delikatnie wymieszać bitą śmietanę.

f) Wyjmij spód z zamrażarki i wlej nadzienie. Wygładź dużą łyżką. Przechowywać w lodówce przez co najmniej cztery godziny najlepiej przez noc. Gdy będzie gotowy do podania, wyjmij go z lodówki i wyjmij z tortownicy.

g) Łyżką hojną ilość sosu jagodowego na wierzchu i natychmiast kroić. Sernik wytrzyma 4 dni w lodówce.

6. Jaśminowy Sernik Bez Pieczenia

Porcje: 6 porcji

SKŁADNIKI

- 1 baza biszkoptowa

NA KREM:

- 400 gramów sera labneh
- 1 szklanka jogurtu
- 2 łyżki prażonej mąki migdałowej
- 1 łyżeczka wanilii
- 1 szklanka cukru

HERBATA JAŚMINOWA:

- 2 łyżki herbaty jaśminowej, suszone całe liście lub 4 torebki herbaty z jaśminem
- 2½ szklanki schłodzonego mleka

INSTRUKCJE
HERBATA JAŚMINOWA:
a) Podgrzej do 1 szklanki mleka, wyjmij je z pieca i wlej do niego herbatę jaśminową.
b) Odczekaj 10 minut i wstaw do lodówki na około 1 godzinę do ostygnięcia.

KREM:
c) W mikserze zmiksuj serek kremowy i cukier.
d) Dodaj 1½ szklanki zimnego mleka i przygotowane mleko jaśminowe. Mieszaj łącznie przez 2 minuty.
e) Dodaj jogurt, wanilię i prażoną mąkę migdałową i ubijaj przez kolejną minutę na niskich obrotach.
f) Biszkopty wylać na spód i rozsmarować łyżką.
g) Zostaw na noc w lodówce.

SŁUŻYĆ:
h) Wyjmij sernik z formy i ostrożnie umieść go na talerzu do serwowania.
i) Udekoruj kwiatami jaśminu i podawaj w plasterkach.

OWOCOWE SERNIKI

7. Sernik malinowo-cytrynowy bez pieczenia

Robi: 6

SKŁADNIKI: CIASTO:
- 1 ½ Grahama Okruchy
- 4 łyżki roztopionego masła

NADZIENIE SERNIKA CYTRYNOWEGO:
- 16 uncji sera śmietankowego, temp. pokojowa
- ½ szklanki kwaśnej śmietany
- 1 łyżka mleka
- 1 łyżeczka ekstraktu waniliowego
- 1 szklanka pełnowartościowego ekologicznego cukru pudru
- skórki z cytryny
- 1 łyżka soku z cytryny

ZŁOŻYĆ
- 1 szklanka sosu malinowego
- Wbita śmietana
- Klin cytrynowy
- Maliny

INSTRUKCJE:

WYKONANIE SKÓRY:

a) W misce dodać okruchy grahamki z roztopionym masłem. Dobrze wymieszaj i odłóż na bok.

PRZYGOTOWANIE SERNIKA CYTRYNOWEGO:

b) W misce dodaj serek śmietankowy, śmietanę, mleko i ekstrakt waniliowy. Mieszaj na najwyższych obrotach mikserem ręcznym, aż będzie gładka. Dodaj cukier puder, skórkę z cytryny i sok z cytryny i ponownie wymieszaj. Zeskrob miskę, a następnie dodaj do szprycy.

ZŁOŻYĆ:

c) W słoiku z masonem o pojemności 4 uncji dodaj 2-3 łyżki stołowe mieszanki skorupy graham i ubij. Następnie wlej masę sernikową. Wstrząsnąć słoikiem, aby spłaszczyć masę sernikową.

d) Dodaj łyżkę sosu malinowego i udekoruj bitą śmietaną, kawałkiem cytryny i malinami.

e) Cieszyć się!

8. Sernik Limonkowy Bez Pieczenia

Porcje: 8 porcji

SKŁADNIKI:
- ¾ szklanki okruchów krakersa graham
- 1 łyżka cukru
- 3 łyżki masła, stopionego

POŻYWNY:
- Dwa 8-uncjowe opakowania serka śmietankowego, zmiękczonego
- ¾ szklanki cukru
- ¼ szklanki kwaśnej śmietany
- 3 łyżeczki startej skórki z limonki
- 1 łyżka soku z limonki
- 1 łyżeczka ekstraktu waniliowego
- 2 duże jajka, temperatura pokojowa, lekko ubite
- Plastry limonki i bita śmietana

INSTRUKCJE:
a) Umieść wkładkę trójnóg i 1 szklankę wody w 6-qt. szybkowar elektryczny. Nasmaruj 6-calowy. tortownica; ułożyć na podwójnej grubości grubej folii.
b) Owiń bezpiecznie wokół patelni.
c) W małej misce połącz okruchy krakersa i cukier. Wmieszać stopione masło. Dociśnij dno i boki przygotowanej formy. Umieść w zamrażarce.
d) W międzyczasie w dużej misce ubij serek śmietankowy z cukrem na gładką masę. Ubij śmietanę, skórkę z limonki, sok z limonki i wanilię.
e) Dodaj jajka; ubijać na niskich obrotach tylko do połączenia.
f) Wlać do przygotowanej patelni. Przykryj patelnię folią.

g) Złóż kawałek folii wzdłuż na trzy części, tworząc chustę. Użyj zawiesia, aby opuścić patelnię na podstawkę.
h) Zablokuj pokrywę; zamknąć zawór upustowy ciśnienia.
i) Dostosuj do gotowania pod ciśnieniem na wysokim poziomie przez 50 minut. Pozwól, aby ciśnienie naturalnie spadło przez 10 minut; szybko zwolnić pozostałe ciśnienie. Za pomocą foliowego nosidła ostrożnie wyjmij tortownicę. Odstaw na 10 minut.
j) Zdejmij folię z patelni. Ostudź sernik na metalowej kratce przez 1 godzinę.
k) Poluzuj bok patelni za pomocą noża. Przechowywać w lodówce przez noc, przykrywając po schłodzeniu. Aby podać, zdejmij brzeg z tortownicy.
l) Udekoruj plasterkami limonki i bitą śmietaną.

9. Potrójny sernik jagodowy bez pieczenia

Porcje: 12 porcji

SKŁADNIKI:

- 1-½ szklanki okruchów krakersa graham
- ⅓ szklanki zapakowanego brązowego cukru
- ½ łyżeczki mielonego cynamonu
- ½ szklanki masła, stopionego

POŻYWNY:

- Dwa 8-uncjowe opakowania serka śmietankowego, zmiękczonego
- ⅓ szklanki cukru
- 2 łyżeczki soku z cytryny
- 2 szklanki gęstej śmietany kremówki

BYCZY:

- 2 szklanki pokrojonych świeżych truskawek
- 1 szklanka świeżych jagód
- 1 szklanka świeżych malin
- 2 łyżki cukru

INSTRUKCJE:

a) W małej misce wymieszaj okruchy krakersa, brązowy cukier i cynamon; wymieszać z masłem.

b) Naciśnij na dno nienatłuszczonej 9-calowej tortownicy. Przechowywać w lodówce przez 30 minut.

c) W dużej misce ubij serek śmietankowy, cukier i sok z cytryny na gładką masę. Stopniowo dodawaj śmietanę; ubijaj, aż utworzą się sztywne szczyty. Przełożyć na przygotowany spód. Przechowywać w lodówce i przykryć przez noc.

d) W misce delikatnie wymieszaj jagody z cukrem. Odstaw, aż jagody puszczą soki, 15-30 minut.

e) Za pomocą noża poluzuj bok sernika z patelni; zdjąć obręcz. Sernik podawaj z nadzieniem.

10. Sernik Czekoladowy Bez Pieczenia Sernik Jeżynowy

Porcje: 6 porcji

SKŁADNIKI:
- 1½ szklanki miniaturowych precli
- 2 łyżki stołowe plus ⅓ szklanki cukru, podzielone
- 3 łyżki masła, stopionego
- 1 szklanka gęstej śmietanki kremówki
- 8 uncji serka śmietankowego, zmiękczonego
- ½ szklanki cukru pudru
- 1 łyżeczka ekstraktu waniliowego
- ½ szklanki białych chipsów do pieczenia
- 1½ szklanki świeżych jeżyn
- Dodatkowe jeżyny

INSTRUKCJE:

a) Pulsuj precle w robocie kuchennym, aż utworzą się drobne okruchy. Dodaj 2 łyżki cukru pudru i stopione masło; pulsować tylko do połączenia. Podziel mieszaninę na 6 półlitrowych słoików konserwowych lub półmisków deserowych.

b) W przypadku warstwy sernika ubij śmietanę, aż utworzą się sztywne szczyty. W innej misce ubij ser śmietankowy, cukier puder i wanilię na gładką masę. Złożyć 1-½ filiżanki bitej śmietany, a następnie zapiekać frytki. Połóż łyżkę na mieszance precli. Przechowywać w lodówce, pod przykryciem, aż do ostygnięcia, około 3 godzin.

c) Tymczasem w czystym robocie kuchennym zmiksuj na puree 1-½ szklanki jeżyn z pozostałą ⅓ szklanki cukru; wyjąć do miski. Przykryj i przechowuj w lodówce mieszankę jagodową i pozostałą bitą śmietanę do czasu podania.

d) Aby podać, udekoruj mieszanką jeżyn, zarezerwowaną bitą śmietaną i dodatkowymi jeżynami.

11. Morelowy sernik bez pieczenia

Porcja: 1 porcja

SKŁADNIKI:
- 17 uncji Połówki moreli, odsączone i zarezerwowany sok
- 1 Koperta żelatyny, Bezsmakowa
- ⅓ szklanki cukru
- 16 uncji sera śmietankowego
- 1 łyżeczka ekstraktu waniliowego
- 1 Spód ciasta, wafelek czekoladowy

INSTRUKCJE:

a) W blenderze lub robocie kuchennym zmiksuj 10 połówek moreli z zarezerwowanym syropem; podgrzać do wrzenia.

b) Tymczasem w dużej misce wymieszaj niesmakową żelatynę z cukrem; dodać gorący płyn i mieszać aż żelatyna całkowicie się rozpuści około 5 minut.

c) Za pomocą miksera elektrycznego ubij serek śmietankowy i wanilię, aż będą gładkie; odstaw na 10 minut.

d) Wlać do przygotowanej skorupy; schłodzić, aż będzie twarda. Udekoruj pozostałymi połówkami moreli, pokrojonymi w plasterki i, jeśli chcesz, bitą śmietaną.

12. Sernik Truskawkowy Bez Pieczenia

Porcja: 1 porcja

SKŁADNIKI:
- 1 Kruche ciasto z krakersami Graham
- 8 uncji sera śmietankowego, zmiękczonego
- ⅓ szklanki cukru
- 1 szklanka kwaśnej śmietany
- 2 łyżeczki wanilii
- 8 uncji bitej polewy, zamrożonej
- Truskawki, świeże do dekoracji

INSTRUKCJE:
a) Ser utrzeć na gładką masę, stopniowo dodawać cukier.
b) Zmiksuj ze śmietaną i wanilią.
c) Złóż ubitą polewę, dobrze wymieszaj.
d) Łyżką ułożyć w cieście. schłodzić do stężenia, co najmniej 4 godziny.
e) Udekoruj świeżymi truskawkami do dekoracji.

13. Sernik jagodowy bez pieczenia

Porcja: 1 porcja

SKŁADNIKI:
- ½ szklanki) cukru
- 2 łyżki skrobi kukurydzianej
- ¾ szklanki zimnej wody
- 1 litr Świeże jagody
- 8 uncji sera śmietankowego
- 3 łyżki cukru pudru
- 1 łyżeczka wanilii
- 1 ciasto z krakersami graham Ciasto

INSTRUKCJE:

a) Wymieszaj cukier i skrobię kukurydzianą w średniej wielkości rondlu. Mieszaj w wodzie, aż się zmiesza.

b) Dodać 1 szklankę jagód. Mieszaj na średnim ogniu, aż mieszanina zgęstnieje i zagotuje się.

c) Zmniejsz ogień i gotuj na wolnym ogniu przez 2 minuty, ciągle mieszając, aż jagody puszczą sok.

d) Zdjąć z ognia i wymieszać z pozostałymi jagodami. Ochłodzić do temperatury pokojowej.

e) Ubij ser, cukier puder i wanilię w misce, aż dobrze się połączą. Rozsmarować na spodzie kruszonki. Przykryć masą jagodową.

f) Przechowywać w lodówce przez 2 godziny lub do całkowitego schłodzenia.

14. Sernik jabłkowy bez pieczenia

Porcje: 4 porcje

SKŁADNIKI:
- 6 łyżek żelatyny bezsmakowej
- 1 szklanka wrzącej wody
- 2 funty sera śmietankowego
- 2 szklanki cukru pudru
- 1 szklanka gęstej śmietany, lekko ubitej

BAZA Z KRUCHY:
- 2 szklanki okruchów krakersa Graham
- 2 łyżki cukru
- 2 Czerwone jabłka, pozbawione gniazd nasiennych, pokrojone w plasterki i posiekane
- ½ szklanki posiekanych orzechów włoskich

INSTRUKCJE:
a) Natłuść 12-calową tortownicę i wyłóż dno woskowanym papierem. W małej misce rozpuść żelatynę w wodzie i pozostaw do ostygnięcia.
b) Serek kremowy i cukier puder utrzeć na jasną i puszystą masę. Dodać żelatynę i ubijać do dokładnego wymieszania.
c) Złóż ciężką bitą śmietanę i przełóż mieszaninę do przygotowanej patelni i schłodź. Zmiksuj okruchy krakersa graham, cukier i masło.
d) Mieszanką posyp schłodzony sernik. Lekko wciśnij okruchy w powierzchnię.
e) Sernik przewracamy na drugą stronę okruchami do dołu i zdejmujemy z formy. Posyp posiekanymi jabłkami i orzechami włoskimi. Po wierzchu obficie polać sosem karmelowym. R

15. Sernik z mango bez pieczenia

Porcje: 4 porcje

SKŁADNIKI:

- 150g herbatników Arnott's Marie
- 80g masła, roztopionego
- 2 opakowania serka śmietankowego w temperaturze pokojowej
- ½ szklanki cukru pudru
- 300ml śmietanki zagęszczonej, ubitej
- 1 łyżka żelatyny
- ¼ szklanki gorącej wody
- 4 mango, obrane i pokrojone
- 2 łyżki soku z limonki
- 1 mango, obrane i posiekane, do podania

INSTRUKCJE:

a) Herbatniki przetwarzaj w robocie kuchennym, aż zostaną drobno pokruszone. Dodaj masło i puls, aby połączyć. Dociśnij dno tortownicy o średnicy 20 cm. Schłodzić przez 15 minut lub do momentu, aż stężeje.

b) W międzyczasie ubij mikserem elektrycznym serek śmietankowy i cukier w misce, aż będą gładkie i kremowe. Włożyć krem.

c) Ubij żelatynę i gorącą wodę w małej misce, aż żelatyna się rozpuści. Wymieszaj ¼ szklanki mieszanki serka śmietankowego z żelatyną, a następnie dodaj do pozostałej mieszanki i dobrze wymieszaj. Na spód biszkoptowy wylać połowę masy serowo-śmietankowej. Na wierzchu połóż połowę plasterków mango, a następnie pozostałą mieszankę serka śmietankowego. Przechowywać w lodówce przez noc lub do stężenia.

d) Sernik wyjąć z lodówki na 15 minut przed podaniem. Aby zrobić coulis, umieść mango i sok z limonki w blenderze i pulsuj, aż będzie gładkie.

e) Na serniku ułóż pozostałe pokrojone mango i polej coulis.

16. Bananowy Kremowy Sernik Bez Pieczenia

Porcje: 4 porcje

SKŁADNIKI:

NA PUDDING:
- 3,4 uncji Banana Kremowy Budyń Mieszanka
- 1 ¾ szklanki mleka

DO SKORUPY:
- Ciasteczka waflowe o pojemności 11 uncji
- ¾ szklanki niesolonego masła, stopionego

NA SERNIK:
- Dwa 8-uncjowe opakowania serka śmietankowego, zmiękczonego
- ½ szklanki cukru granulowanego
- 2 łyżki gęstej śmietany kremówki
- 1 łyżeczka ekstraktu waniliowego

NA NADANIE:
- 12-uncjowy Cool Whip, rozmrożony, podzielony
- 3 duże banany pokrojone w plasterki
- 6 Wafli, pokruszonych, do dekoracji

INSTRUKCJE

NA PUDDING:

a) Najpierw przygotuj masę budyniową, aby miała kilka minut do schłodzenia i zgęstnienia przed złożeniem sernika.

b) W małej misce wymieszaj mieszankę budyniową i mleko, aż będą gładkie. Przechowywać w lodówce przez 5 minut, aż będzie gotowy do złożenia.

DO SKORUPY:

c) Lekko nasmaruj spód 9-calowej tortownicy sprayem do pieczenia. Odłożyć na bok.

d) W robocie kuchennym zmiel wafelki waniliowe na drobny okruch.
e) Dodaj stopione masło i wymieszaj widelcem.
f) Wlej mieszankę na spód tortownicy i mocno dociśnij, aby uzyskać grubą skórkę! Odłożyć na bok.

NA SERNIK:

g) Serek ubijać z cukrem przez 3-4 minuty, aż będzie jasny i puszysty. Dodaj śmietankę kremówkę i wanilię i ubijaj kolejne 2-3 minuty, w razie potrzeby zeskrobując boki miski.
a) Na przygotowany spód wlej nadzienie sernikowe.

ZŁOŻYĆ:

a) Po wylaniu nadzienia sernikowego na spód, dodaj pokrojone banany na wierzch sernika.
b) Wyjmij mieszankę budyniową z lodówki i polej nią pokrojone banany.
c) Całość udekoruj 8 uncjami rozmrożonego Cool Whipa.
d) Całość schłodzić w lodówce przez co najmniej 3 godziny.
e) Kiedy będziesz gotowy do podania, użyj 6 zarezerwowanych ciasteczek i zmiażdż je. Posypać wierzch Cool Whip.

17. Wegański sernik jagodowy bez pieczenia

Robi: 6

SKŁADNIKI:
- Cztery 8-uncjowe opakowania wegańskiego serka śmietankowego
- 0,5 uncji Agar Agar + 1 szklanka gorącej wody
- 3 uncje wegańskiej galaretki cytrynowej + 1 szklanka gorącej wody
- ¼ szklanki cukru pudru
- wafle
- Świeże truskawki lub maliny
- Dwa 3-uncjowe pudełka wegańskiej galaretki truskawkowej

INSTRUKCJE:
a) W filiżance gorącej wody rozpuść 2 opakowania agaru i 1 szklankę galaretki cytrynowej.
b) Gdy ser będzie gotowy, ubijaj go przez około 2 minuty, aż będzie puszysty.
c) Agar Agar i galaretkę należy dodawać stopniowo.
d) Mieszaj, aż znikną wszystkie grudki. Dodać cukier i dalej ubijać, aż wszystko dobrze się połączy.
e) Na spodzie wiosennej formy ułożyć wafelki waniliowe. Napełnij patelnię mieszanką twarogu. Przechowywać w lodówce przez co najmniej 2 godziny.
f) Zrób galaretkę truskawkową z połową ilości wody.
g) Pozwól ostygnąć przez kilka minut.
h) Umieść truskawki na wierzchu mieszanki serowej, która została ustawiona. Przechowywać w lodówce, aż galaretka stwardnieje, a następnie wylać ją na truskawki.

18. Sernik Malinowy Trufle Bez Pieczenia

Robi: 10

SKŁADNIKI:
- 2 łyżki gęstej śmietany
- 8 uncji twarogu, zmiękczonego
- ½ filiżanki Swerve w proszku
- Szczypta soli morskiej
- 1 łyżeczka stewii waniliowej
- 1 ½ łyżeczki ekstraktu z malin
- 2-3 krople naturalnego czerwonego barwnika spożywczego
- ¼ szklanki oleju kokosowego, stopionego
- 1 ½ filiżanki chipsów czekoladowych, bez cukru

INSTRUKCJE:
a) Na początek użyj miksera, aby dokładnie połączyć swój serek i serek śmietankowy, aż uzyskasz kremową konsystencję.
b) Połącz śmietanę, ekstrakt malinowy, stewię, sól i barwnik spożywczy w dużej misce.
c) Upewnij się, że wszystko jest dobrze połączone.
d) Dodaj olej kokosowy i mieszaj na najwyższych obrotach, aż wszystko dokładnie się połączy.
e) Nie zapomnij zeskrobać boków miski tak często, jak to konieczne. Pozwól mu stać w lodówce przez jedną godzinę. Wlej ciasto do miarki ciastek o średnicy około ¼ cala, a następnie na blachę do pieczenia, która została przygotowana z pergaminem.
f) Zamroź tę mieszankę na godzinę, a następnie pokryj ją roztopioną czekoladą, aby ją wykończyć! Przed podaniem należy wstawić go na kolejną godzinę do lodówki, aby stężał.

19. Sernik bananowo-oreo bez pieczenia

Robi: 8

SKŁADNIKI
- 200 g Oreo
- 60 g niesolonego masła
- 3 pokrojone banany

BYCZY:
- 200 ml podwójnej śmietany
- 1 saszetka Vege Gel
- 400 g serka śmietankowego
- 1 łyżeczka ekstraktu waniliowego
- 120 g cukru pudru
- 50 g Oreo połamane

GARNIRUNEK
- 50 g Oreo do dekoracji połamanych

INSTRUKCJE

a) Tortownicę o średnicy 20 cm wyłóż papierem do pieczenia.
b) Umieść 200 g ciastek Oreo w 2 plastikowych torebkach na żywność i rozbij je wałkiem do ciasta, aby uzyskać okruchy.
c) Rozpuść masło na patelni na małym ogniu, a następnie wymieszaj z okruchami Oreo.
d) Wlej mieszankę okruchów do formy i równomiernie spłaszcz.
e) Rozłóż plasterki banana na spodzie.
f) Ubij śmietanę trzepaczką, aż utworzy miękkie szczyty.
g) Przygotuj żel wege, wlewając go do 200 ml zimnej wody i mieszając, a następnie doprowadzając do wrzenia na patelni.
h) Odstawić do ostygnięcia na 5 minut.
i) Umieść ser śmietankowy, cukier i ekstrakt waniliowy w misce i dobrze wymieszaj, a następnie wymieszaj ze śmietaną.
j) Wlej żel wegetariański i ubij dużą trzepaczką, aż dokładnie się połączy.
k) Złożyć połamane Oreo.
l) Masę wylać na biszkoptowy spód i wyrównać szpatułką.
m) Schłodzić w lodówce przez minimum 3 godziny do stężenia.
n) Po stężeniu udekoruj sernik połamanymi ciasteczkami Oreo.

20. Sernik z marakui bez pieczenia

Robi: 12

SKŁADNIKI
NA BAZĘ CIASTECZKOWĄ
- 200 g Herbatników imbirowych, czyli pierników
- 100 g masła

NA NADZIENIE SERNIKOWE
- 400 g Pełnotłustego serka śmietankowego Philadelphia
- 100 g cukru pudru
- 2 żelatyna pozostawia stopień Platyny, użyj 3, aby uzyskać mocniejszy zestaw
- 200 ml Podwójny krem
- 100 g jogurtu greckiego
- 15 ml soku z limonki
- 2 łyżeczki pasty z ziaren wanilii
- 100 ml puree z marakui

NA NALEWĘ NA GALARETKĘ Z MARAKUI
- 100 ml puree z marakui
- 100 ml pulpy z marakui
- 75 g cukru pudru
- 2 listki żelatyny

INSTRUKCJE
BAZA CIASTECZKOWA

a) Przetwarzaj herbatniki imbirowe w robocie kuchennym, aż będą przypominać drobną bułkę tartą.
b) Rozpuść masło i wmieszaj w okruchy biszkoptu.
c) Wylej tę mieszankę na dno formy do pieczenia i dociśnij do poziomu.

NADZIENIE SERNIKOWE

a) Umieść 2 listki żelatyny w misce wypełnionej zimną wodą. Pozostawić na 5-19 minut do miękkości.
b) Serek kremowy i cukier utrzeć razem na gładką masę.
c) Dodaj jogurt grecki i pastę waniliową i wymieszaj.
d) Następnie podgrzej puree z marakui i sok z limonki razem na patelni, aż będą ciepłe.
e) Odsącz listki żelatyny z wody, dodaj do garnka i mieszaj, aż się rozpuszczą.
f) Ubij soki owocowe w ciasto sernikowe – szybko po wlaniu płynu, aby nie zaczął twardnieć.
g) Dodaj śmietanę i ubij, aż będzie wystarczająco gęsta, aby mogła w niej stanąć łyżka.
h) Wyłożyć na biszkoptowy spód i wyrównać tępym nożem. Schłodzić przez 3 godziny.

GALARETKA Z MARAKUJI

a) Umieść pozostałe 2 listki żelatyny w zimnej wodzie i pozostaw do zmięknięcia.
b) Włóż puree z marakui i świeży miąższ z marakui do małego rondla wraz z cukrem i podgrzej do około 60°C, aż cukier się rozpuści.
c) Odcedź żelatynę, dodaj do garnka i mieszaj do rozpuszczenia.
d) Pozostawić do ostygnięcia do około 40°C/80°F, a następnie wylać na wierzch sernika.
e) Sernik ponownie wkładamy do lodówki na kolejne 3 godziny.

SERNIK ORZECHOWY

21. Sernik bez pieczenia z pomarańczą i makadamią

Porcje: 4 porcje

SKŁADNIKI
POŻYWNY
- 1 szklanka soku pomarańczowego
- 1 szklanka cukru pudru
- 4 jajka, oddzielone
- 2 pomarańcze, drobno starta skórka
- 1 ½ łyżki żelatyny
- ⅓ szklanki świeżo przegotowanej wody
- Dwie 8-uncjowe paczki serka śmietankowego w temperaturze pokojowej
- 1 szklanka zagęszczonej śmietany, ubitej

SERNIK POMARAŃCZOWY I MAKADAMIA
- ¾ szklanki herbatników z mąki pszennej, połamanych
- ¾ szklanki orzechów makadamia, lekko rozgniecionych
- ½ szklanki masła, stopionego
- ¼ łyżeczki mielonego cynamonu
- cząstki pomarańczy do podania

INSTRUKCJE
SERNIK POMARAŃCZOWY I MAKADAMIA

a) Tortownicę o średnicy 28 cm lekko natłuścić.
b) Umieść herbatniki i połowę orzechów w robocie kuchennym i miksuj, aż zostaną drobno pokruszone. Dodaj masło i cynamon. Przetwarzaj do połączenia.
c) Mocno wciśnij mieszaninę w dno przygotowanej formy. Schładzaj przez 15 minut, aż stężeje.

ZRÓB NAPEŁNIANIE;

a) Połącz sok, cukier, żółtka i skórkę w żaroodpornej misce. Ubijaj nad garnkiem z gotującą się wodą przez 4-5 minut, aż zgęstnieje i spieni się. Zdjąć z ognia.
b) W międzyczasie w małym dzbanku energicznie mieszaj żelatynę z wodą widelcem, aż się rozpuści. Lekko ostudzić.
c) W małej misce za pomocą miksera elektrycznego ubij serek śmietankowy na gładką masę. Stopniowo mieszaj mieszaninę jajek i żelatyny. Przenieś mieszaninę do dużej miski. Przełożyć krem.
d) Ubij białka jaj w średniej misce, aż utworzą się miękkie szczyty. Włożyć do masy serowej.
e) Wlać do przygotowanej patelni. Udekoruj pozostałymi orzechami makadamia. Schładzamy przez 3 godziny lub całą noc. Podawać z kawałkami pomarańczy.

22. Migdałowy Sernik Bez Pieczenia

Porcje: 4 porcje

SKŁADNIKI
DO NAPEŁNIENIA:
- Trzy 8-uncjowe opakowania serka śmietankowego
- ½ szklanki cukru granulowanego
- 1 łyżeczka ekstraktu migdałowego
- 1 szklanka zimnej, gęstej śmietany, ubitej

DO SKORUPY:
- 1½ szklanki pokruszonych krakersów graham
- 1 szklanka mielonych migdałów
- ½ szklanki cukru granulowanego
- 6 łyżek niesolonego masła, stopionego

DODATKI:
- pokrojone migdały, owoce, jagody, czekolada itp.

INSTRUKCJE
a) Serek kremowy i cukier utrzeć na krem.
b) Używając miksera stojącego i nasadki do ubijania, ubij ciężką śmietanę, aż będzie gęsta.
c) Wymieszaj ekstrakt z migdałów i ubitą śmietanę z serkiem śmietankowym, a następnie odłóż na bok.
d) W 9 lub 10-calowej tortownicy wymieszaj składniki na skórkę. Poklepać się
e) dno naczynia i zamrażać przez 15 minut.
f) Na spód wyłożyć nadzienie sernikowe i wyrównać wierzch sernika.
g) Przechowywać w lodówce przez 12 godzin lub przez noc.
h) Zamrażaj sernik przez 10-15 minut przed wyjęciem go z tortownicy.

23. Sernik czekoladowo-orzechowy bez pieczenia

Porcje: 10-12 porcji

SKŁADNIKI
- 140 g niesolonego masła
- 10 uncji biszkoptu trawiennego, rozbitego
- 500 g serka śmietankowego, zmiękczonego
- 85g cukru pudru
- 300 ml podwójnej śmietany
- 1 łyżeczka ekstraktu waniliowego
- 15 czekoladek orzechowych
- 4 łyżki kremu czekoladowego z orzechami laskowymi
- 25 g orzechów laskowych, grubo posiekanych

INSTRUKCJE

a) Przygotuj spód sernika: roztop masło na małej patelni na średnim ogniu. Zmiel herbatniki w robocie kuchennym na drobny okruch, dodaj roztopione masło i pulsuj, aż dobrze się połączą. Przełożyć do tortownicy o średnicy 23 cm i mocno docisnąć do dna. Schłodzić podczas robienia nadzienia.

b) W misce ubij serek śmietankowy i cukier puder, aby zmiękły. Ubij śmietanę i wanilię w osobnej misce, aż utworzą się miękkie szczyty, a następnie wymieszaj je z serkiem śmietankowym. Wymieszaj posiekane czekoladki. Wyłożyć na biszkoptowy spód i wygładzić szpatułką. Przykryć folią spożywczą i schłodzić przez noc.

c) Po zastygnięciu umieść krem czekoladowo-orzechowy w rondlu i roztapiaj na małym ogniu przez 3-4 minuty, aż będzie płynny. pozwól mu nieco ostygnąć, zanim rozłożysz go na wierzchu sernika. Udekorować pozostałymi czekoladkami i posiekanymi orzechami laskowymi. Schłodzić, aż będzie gotowy do podania.

24. Sernik Migdałowo-Jagodowy Bez Pieczenia

Porcja: 1 sernik

SKŁADNIKI:

SKORUPA

- ½ szklanki startego kokosa
- 1 szklanka prażonych migdałów
- 1 łyżka oleju kokosowego, roztopionego
- 1 łyżeczka ekstraktu waniliowego

POŻYWNY

- 2 szklanki orzechów nerkowca, namoczonych przez 12 godzin, opłukanych i osuszonych
- 3 łyżki soku z cytryny w temperaturze pokojowej
- ½ szklanki syropu klonowego
- ½ szklanki oleju kokosowego, roztopionego
- 8 kropli olejku infuzyjnego o smaku jagodowym
- 2 szklanki świeżych jagód

INSTRUKCJE:

a) Wyłóż 9-calową okrągłą blachę do ciasta pergaminem.
b) Połącz składniki na spód w robocie kuchennym i miksuj przez 1 minutę.
c) Wciśnij mieszankę skórki na dno przygotowanej tortownicy.
d) Posmaruj glazurą skórkę i włóż do zamrażarki.
e) Wszystkie składniki na nadzienie zmiksuj blenderem na gładką masę.
f) Wyjmij zamrożoną skórkę z zamrażarki i umieść ją na blasze do pieczenia. Na wierzch wyłożyć nadzienie sernikowe.
g) Zamroź sernik 30 minut przed podaniem.

25. Migdałowy Sernik Bez Pieczenia

Sprawia: Jeden 7-calowy sernik

SKŁADNIKI:
DO SKORUPY
- 2 szklanki bezglutenowej mąki migdałowej
- ¼ łyżeczki soli
- 1½ łyżki brązowego cukru
- ¼ szklanki niesolonego masła, stopionego

NA SERNIK
- 1 funt sera śmietankowego w temperaturze pokojowej
- 2 łyżki skrobi kukurydzianej
- ⅔ szklanki cukru pudru Szczypta soli
- ½ szklanki kwaśnej śmietany w temperaturze pokojowej
- 2 łyżeczki bezglutenowego ekstraktu waniliowego
- ⅛ łyżeczki bezglutenowego ekstraktu z migdałów
- 2 duże jajka w temperaturze pokojowej
- 1 szklanka zimnej wody

INSTRUKCJE:
SKORUPA

a) Delikatnie spryskaj dno i boki tortownicy nieprzywierającym sprayem do gotowania.

b) Wytnij koło z pergaminu o takim samym rozmiarze jak spód tortownicy. Umieść koło pergaminowe na dnie patelni i delikatnie spryskaj dodatkowym sprayem zapobiegającym przywieraniu. Odłożyć na bok.

c) W małej misce wymieszaj mąkę migdałową, sól i brązowy cukier. Dodaj stopione masło i mieszaj widelcem, aż się sklei.

d) Wlać mieszaninę skorupy do przygotowanej patelni. Rozprowadź palcami i delikatnie dociśnij, aby utworzyć równą warstwę. Wstaw blachę do zamrażarki na czas przygotowywania ciasta sernikowego.

SERNIK

e) W średniej misce ubij ser śmietankowy mikserem ręcznym na niskich obrotach, aż będzie gładki. W małej misce wymieszaj mąkę kukurydzianą, cukier granulowany i sól. Dodaj połowę mieszanki cukru do serka śmietankowego i ubijaj, aż się połączy. Zeskrobać boki miski szpatułką.

f) Dodaj pozostałą mieszaninę cukru i ubijaj, aż się połączy. Dodaj kwaśną śmietanę oraz ekstrakty waniliowy i migdałowy do mieszanki serka śmietankowego. Ubijaj, aż wszystko się połączy.

g) Dodaj jajka, jedno po drugim, dobrze zgarniając z miski po każdym dodaniu. Nie mieszać.

h) Wyjąć skórkę z zamrażarki. Szczelnie owiń dno naczynia folią aluminiową, aby zapobiec wyciekom. Masę serowo-śmietankową wyłożyć na spód. Lekko postukaj w blat, aby usunąć pęcherzyki powietrza.

i) Wlej zimną wodę do wewnętrznego garnka szybkowaru. Umieść trójnóg w garnku. Użyj foliowego zawiesia, aby ostrożnie umieścić patelnię z sernikiem na trójnogu. Upewnij się, że patelnia nie dotyka wody.

j) Zamknij i zablokuj pokrywę, upewniając się, że pokrętło uwalniania pary znajduje się w pozycji uszczelnienia. Gotuj pod wysokim ciśnieniem przez 40 minut. Po zakończeniu użyj metody szybkiego uwalniania, obracając pokrętło zwalniające do pozycji odpowietrzania i uwalniając parę.

k) Gdy trzpień pływaka opadnie, odblokuj pokrywę i otwórz ją ostrożnie. Delikatnie osusz powierzchnię sernika ręcznikiem papierowym, aby wchłonąć skropliny.

l) Ostrożnie wyjąć sernik i odłożyć na metalową kratkę do ostygnięcia.

m) Gdy sernik całkowicie ostygnie, włóż go do lodówki na 6 do 8 godzin lub na całą noc. Gdy będzie gotowy do podania, wyjmij sernik z lodówki. Zwolnij boki tortownicy i wsuń cienki nóż między papier pergaminowy a skórkę, a następnie ostrożnie wsuń na talerz do serwowania.

WARZYWNE SERNIKI

26. Sernik Ube bez pieczenia

Porcje: 12 plasterków

SKŁADNIKI
SKŁADNIKI WYPEŁNIAJĄCE
- 2 szklanki wegańskiego serka śmietankowego
- 1 szklanka ube 250 gramów
- 1 szklanka kremu kokosowego
- ½ szklanki syropu klonowego
- ½ łyżki wanilii
- ½ łyżki cynamonu

SKŁADNIKI KRUCHU
- 2 szklanki pekanów
- ¼ szklanki cukru kokosowego
- ¼ szklanki oleju kokosowego
- odrobina wanilii
- szczypta soli

INSTRUKCJE
a) Zacznij od umycia i obrania ube. Następnie pokroić z grubsza na mniejsze kawałki.

b) Umieść ube we wrzącej wodzie i gotuj przez 7-10 minut, aż ignam będzie super miękki i będzie można łatwo wbić w niego widelec.

c) Po ugotowaniu ube rozgnieć je widelcem lub tłuczkiem do ziemniaków.

d) Odmierz 250 gramów, co odpowiada około 1 filiżance.

e) Dodaj ube, twarożek, śmietankę kokosową, syrop klonowy, wanilię i cynamon do robota kuchennego i zmiksuj wszystkie składniki, aż będą super gładkie.

f) Mieszałem moje przez co najmniej pięć minut na wysokich obrotach, ponieważ chciałem uzyskać super gładką teksturę.
g) Gdy nadzienie sernikowe będzie kremowe i gładkie, odłóż je na bok.
h) Do czystego robota kuchennego dodaj orzechy pekan, cukier, olej kokosowy, wanilię i sól. Pulsuj je, aż dobrze się połączą.
i) Tortownicę wyłożyć papierem do pieczenia i obficie posmarować olejem kokosowym.
j) Przełóż nadzienie ze skórki na patelnię. Może być trochę miękkie i rzadkie, ale to nic, bo stwardnieje w lodówce.
k) Użyj łyżki, aby upewnić się, że jest równomiernie rozłożona na patelni.
l) Teraz wylej nadzienie sernikowe na spód i za pomocą łyżki wygładź górę i utwórz równą warstwę.
m) Wstaw sernik do lodówki na noc lub na 6 lub więcej godzin. Będzie potrzebował tego czasu, aby całkowicie stwardnieć.
n) Gdy ciasto jest gotowe, pokrój je i ciesz się!

27. Sernik Dyniowy Bez Pieczenia

Porcje: 2 porcje

SKŁADNIKI:

DO SKORUPY
- ¾ szklanki mąki migdałowej
- ½ szklanki siemienia lnianego
- ¼ szklanki masła
- 1 łyżeczka przyprawy do ciasta dyniowego
- 25 kropli płynnej stewii

DO WYPEŁNIENIA
- 6 uncji twarogu
- ⅓ szklanki puree z dyni
- 2 łyżki kwaśnej śmietany
- ¼ szklanki ciężkiej śmietany
- 3 łyżki masła
- ¼ łyżeczki przyprawy do ciasta dyniowego
- 25 kropli płynnej stewii

INSTRUKCJE:

a) Wszystkie suche składniki kruszonki dokładnie wymieszać.
b) Zmiksuj suche składniki z masłem i płynną stewią, aż powstanie ciasto.
c) Umieść ciasto w foremkach do mini tart.
d) Zmiksuj wszystkie składniki nadzienia za pomocą blendera i wstaw do lodówki.
e) Po około 5 godzinach pokroić w plasterki i udekorować bitą śmietaną.

28. Sernik bez pieczenia z awokado i limonką

Porcje: 4 porcje

SKŁADNIKI
DLA PODSTAWY
- 8 uncji herbatników trawiennych
- 3 uncje niesolonego masła, stopionego
- Skórka z ½ limonki
- 1 łyżeczka soku z limonki

NA SERNIK
- 10 uncji sera śmietankowego
- 7 uncji podwójnego kremu do mieszania z awokado
- 1 dojrzałe awokado
- Sok i skórka otarta z 1 limonki
- 1 szklanka granulowanego białego cukru
- 3,5 uncji niesolonego masła stopionego
- 4 liście mięty
- Kilka listków mięty i kwiatów pomarańczy/cytryny/limonki do dekoracji

INSTRUKCJE
BAZA
a) Przełóż herbatniki trawienne do robota kuchennego i mieszaj, aż uzyskasz okruchy.
b) Dodaj stopione masło i skórkę z limonki oraz sok z limonki, a następnie mieszaj, aż wszystko będzie równomiernie pokryte.
c) Przelej mieszaninę do szklanek i wyciśnij równą warstwę za pomocą tylnej części łyżki.

POŻYWNY
d) Dodaj wszystkie składniki, z wyjątkiem stopionego masła, do robota kuchennego.

e) Dobrze mieszaj przez 3-4 minuty lub do połączenia się wszystkich składników.
f) Następnie powoli dodawaj masło do mieszanki, cały czas miksując na niskich obrotach.
g) Masa powinna mieć lekko lejącą konsystencję, bez obaw, w lodówce sama zgęstnieje.
h) Wylej mieszankę na spód sernika. Wlej na samą górę szklanki, a następnie użyj grzbietu noża, aby „przyciąć" górną część, nadając jej idealnie gładką powierzchnię.
i) Przechowywać w lodówce przez co najmniej 2-3 godziny przed podaniem. Udekoruj gałązkami świeżej mięty, kandyzowanymi limonkami lub kwiatami cytrusów.

29. [Piernikowy Sernik Dyniowy Bez Pieczenia](#)

Porcja: 1 sernik

SKŁADNIKI:

- 1 ½ szklanki pokruszonych ciasteczek imbirowych
- 1 łyżka roztopionego masła
- 16 uncji sera śmietankowego
- ½ szklanki puree z dyni
- 1 Łyżki mąki
- ¼ szklanki syropu klonowego
- ¼ szklanki brązowego cukru
- 1 łyżeczka przyprawy do dyni
- 2 jajka

INSTRUKCJE:

a) W misce wymieszaj imbir i masło. Odłożyć na bok.

b) W wyjmowanej dolnej linii blachy z pergaminem. Wlej pokruszoną mieszankę imbiru na patelnię i spłaszcz ją szklanką z płaskim dnem. Wstawić do lodówki do stężenia.

c) W innej misce wymieszaj serek śmietankowy, puree z dyni, mąkę, syrop klonowy, brązowy cukier i przyprawę dyniową do uzyskania gładkiej konsystencji. Następnie wymieszaj jajko, jedno po drugim, mieszając je tylko do połączenia. Zakończ szpatułką. Wlać do przygotowanej tortownicy i przykryć folią.

d) Do naczynia Multipot dodaj 1 szklankę wody i włóż formę do sernika na trójnóg. Opuść do doniczki wewnętrznej i zamknij pokrywkę. Przesuń manometr do uszczelnienia i włącz funkcję ciasta na 30 minut.

e) Po zakończeniu zwolnij do szybkiego ciśnienia i otwórz pokrywę na kilka minut, aby uwolnić resztę pary. Wyłącz maszynę i zamknij pokrywę.

f) Pozwól mu naturalnie ostygnąć przez godzinę i wyjmij sernik. Wstawić do lodówki na co najmniej 4-5 godzin do schłodzenia. Cieszyć się!

30. Sernik z dyni bez pieczenia

Tworzy: 1

SKŁADNIKI:
SKÓRA
- ¾ szklanki mąki migdałowej
- ½ szklanki siemienia lnianego
- ¼ szklanki masła
- 1 łyżeczka przyprawy do ciasta dyniowego
- 25 kropli płynnej stewii

NADZIENIE
- 6 uncji wegańskiego sera śmietankowego
- ⅓ szklanki puree z dyni
- 2 łyżki kwaśnej śmietany
- ¼ szklanki wegańskiej ciężkiej śmietanki
- 3 łyżki masła
- ¼ łyżeczki przyprawy do ciasta dyniowego
- 25 kropli płynnej stewii

INSTRUKCJE:

a) Wszystkie suche składniki kruszonki łączymy ze sobą i dokładnie mieszamy.

b) Zmiksuj suche składniki z masłem i płynną stewią, aż powstanie ciasto.

c) Aby przygotować mini foremki do tarty, rozwałkuj ciasto na małe kulki.

d) Dociśnij ciasto do ścianek formy do tarty, aż będzie sięgać i podnosić się po bokach.

e) Połącz wszystkie składniki nadzienia w misce.

f) Zmiksuj składniki nadzienia za pomocą blendera zanurzeniowego.

g) Gdy składniki nadzienia będą gładkie, rozprowadź je na cieście i schłodź.

h) Wyjąć z lodówki, pokroić w plastry i udekorować bitą śmietaną.

ZIOŁOWE SERNIKI

31. Sernik bez pieczenia z bazylią, limonką i truskawkami

Porcje: 8 porcji

SKŁADNIKI
SERNIK Z BAZYLIĄ, LIMONKĄ I TRUSKAWKAMI
- spray do oleju jadalnego
- ½ szklanki herbatników Scotch Finger
- ½ szklanki masła, stopionego
- 3 łyżeczki żelatyny w proszku
- ¼ szklanki gorącej wody
- 1½ szklanki sera śmietankowego, zmiękczonego
- ½ szklanki cukru pudru
- 1 łyżka drobno startej skórki z limonki
- 1½ szklanki zagęszczonej śmietany
- ½ szklanki soku z limonki
- 2 łyżki drobno posiekanej świeżej bazylii
- 2 łyżki listków świeżej bazylii baby
- 2 łyżki wody
- ½ szklanki dżemu truskawkowego
- 1 łyżka soku z limonki
- 8 listków świeżej bazylii
- 1 szklanka truskawek, przekrojonych na pół

INSTRUKCJE
a) Spryskaj tortownicę olejem; dno wyłożyć papierem do pieczenia.
b) Herbatniki przetwarzaj, aż będą w porządku. Dodaj masło; przetwarzać do połączenia.
c) Mocno dociśnij mieszaninę do dna naczynia. Przechowywać w lodówce przez 30 minut.

d) Wlej żelatynę do gorącej wody w małym żaroodpornym dzbanku; Ustaw dzbanek w małym rondlu z gotującą się wodą i mieszaj, aż żelatyna się rozpuści. Fajny.

e) W średniej misce ubij serek śmietankowy, cukier i skórkę mikserem elektrycznym na gładką masę. Dodaj śmietanę; ubijać do gładkości.

f) Dodaj sok, schłodzoną mieszaninę żelatyny i drobno posiekaną bazylię; ubijać do połączenia. Na spód biszkoptowy wylać nadzienie. Okładka; wstawić do lodówki na około 3 godziny lub na całą noc do stężenia.

g) Tuż przed podaniem udekoruj sernik truskawkami i syropem; posypać listkami bazylii.

h) W małym rondelku wymieszaj wodę, dżem, sok i bazylię na małym ogniu, aż dżem się rozpuści. Doprowadzić do wrzenia.

i) Zdjąć z ognia; wymieszać z truskawkami. Fajny; odrzucić bazylię.

32. Sernik Matcha bez pieczenia

Porcje: 8 porcji

SKŁADNIKI

- 1 szklanka ciasteczek piżmowych
- ½ szklanki roztopionego masła
- 2 łyżeczki mielonego imbiru
- 1 szklanka miękkiego serka śmietankowego
- 1 szklanka zagęszczonej śmietany
- 1 łyżka soku z cytryny
- 1 łyżeczka pasty z laski wanilii
- 1 łyżeczka matcha w proszku plus 1 łyżeczka dodatkowo
- 2 łyżeczki żelatyny
- ¼ szklanki świeżo przegotowanej wody
- 1 szklanka roztopionej białej czekolady

INSTRUKCJE

a) Natłuścić i wyłożyć dno i boki tortownicy o średnicy 20 cm.

b) W robocie kuchennym zmiksować herbatniki pulsacyjne na drobną kruszonkę. Dodaj masło i imbir i dobrze wymieszaj. Mocno dociśnij dno naczynia. Zamrażaj przez 10 minut.

c) W średniej misce za pomocą miksera elektrycznego ubij serek śmietankowy, aż będzie gładki. Ubij śmietanę, ubitą na miękkie szczyty, sok z cytryny, pastę z laski wanilii i 1 łyżeczkę proszku matcha do uzyskania gładkości.

d) Żelatynę zalać przegotowaną wodą i energicznie wymieszać widelcem do rozpuszczenia. Ubij masę serową, a następnie stopniowo dodawaj białą czekoladę, mieszając, aby połączyć.

e) Wlej mieszaninę śmietankowo-serową na patelnię, zachowując ⅓ szklanki. Wymieszaj dodatkowy proszek matcha z zarezerwowaną mieszanką. Na sernik nakładaj duże kleksy i delikatnie mieszaj, używając noża do masła. Schładzamy pod przykryciem przez 4 godziny lub całą noc. Podawać oprószone dodatkowym proszkiem matcha.

33. Sernik ze słodką bazylią i cytryną bez pieczenia

Porcje: 12 porcji

SKŁADNIKI
SKÓRKA Z CYTRYNY
- 2½ szklanki okruchów ciasteczek waniliowych ¼ szklanki niesolonego masła, roztopionego
- 2 łyżki skórki z cytryny

POŻYWNY
- 1¼ szklanki ciężkiej śmietany do ubijania, zimnej
- Trzy 8-uncjowe opakowania serka śmietankowego, temperatura pokojowa
- ¾ szklanki cukru pudru
- 2 łyżki soku z cytryny
- 1 szklanka upakowanych liści bazylii, umytych i wysuszonych
- szczypta soli
- małe listki bazylii do dekoracji umyte i osuszone

INSTRUKCJE
SKÓRKA Z CYTRYNY
a) Dodaj ciasteczka do robota kuchennego wyposażonego w nasadkę tnącą i mieszaj, aż uzyskasz dość drobne okruchy.

b) Dodaj okruchy do dużej miski i wymieszaj z roztopionym masłem i skórką z cytryny.

c) Wlać do 9-calowej tortownicy i równomiernie i mocno docisnąć do dolnej powierzchni. Włóż spód do lodówki na czas przygotowywania nadzienia.

POŻYWNY
d) Użyj miksera elektrycznego lub miksera stojącego wyposażonego w nasadkę do ubijania, aby ubić śmietanę na sztywną pianę. Zajmie to około 2 minut. Odłożyć na bok.

e) Teraz dodaj serek śmietankowy i cukier puder do robota kuchennego wyposażonego w nasadkę tnącą. Miksuj, aż będzie całkowicie gładka. Dodaj sok z cytryny, wanilię, bazylię i szczyptę soli i mieszaj, aż bazylia będzie miała zielone drobinki. Użyj gumowej szpatułki, aby dodać to do dużej miski.

f) Złożyć bitą śmietanę do mieszanki serowej, tylko do połączenia.

g) Wyjmij skórkę z lodówki i wlej do niej nadzienie na patelnię. Wygładź wierzch i przykryj folią spożywczą. Przechowywać w lodówce przez noc.

h) Za pomocą noża oddziel schłodzony sernik od brzegów tortownicy, a następnie zdejmij brzeg.

i) Udekoruj małymi listkami bazylii, pokrój i podawaj.

34. Miętowy sernik bez pieczenia

Porcje: 4 porcje

SKŁADNIKI
SYROP MIĘTOWY
- 1½ szklanki cukru pudru
- 2½ szklanki wody
- liście mięty

SKÓRA DO CIASTA
- 1 szklanka czekoladowych ciasteczek
- ½ szklanki niesolonego masła

NADZIENIE SERNIKOWE
- 2 szklanki sera śmietankowego
- 1 szklanka świeżej, gęstej śmietany do ubijania
- ½ szklanki syropu miętowego
- 10g żelatyny
- ¼ szklanki mleka
- 1 tabliczka czekolady

INSTRUKCJE
a) Przygotuj syrop miętowy: listki mięty umyj i osusz. Zmiel miętę w robocie kuchennym razem z połową cukru.
b) Zagotuj wodę z pozostałym cukrem.
c) Dodaj mieszaninę mięty i cukru do wrzącej wody i gotuj przez 6 minut.
d) Pozostawić do ostygnięcia na 12 godzin i przefiltrować przez drobny durszlak
e) Syrop zabutelkować i przechowywać w lodówce
f) Przygotuj spód sernika: użyj robota kuchennego do zmielenia ciasteczek
g) Masło roztapiamy i wylewamy na biszkopty, mieszamy łyżką.

h) Masę ciasteczkową przełożyć do tortownicy i docisnąć do dna i boków. Schłodź ten spód ciasta w lodówce przez 10 minut przed napełnieniem go.
i) Przygotuj nadzienie: Do miski wlej śmietankę kremówkę i ubij na najwyższych obrotach. Przechowuj w lodówce.
j) Wymieszaj w misce serek śmietankowy z syropem miętowym.
k) Namocz żelatynę w zimnej wodzie przez kilka minut.
l) Podgrzej trochę mleka i dodaj wyciśniętą żelatynę. Dodaj tę mieszankę do miski z twarogiem i syropem miętowym.
m) Do ubitej śmietany wlej ubitą śmietanę.
n) Rozłóż nadzienie na cieście i wstaw do lodówki na 2 godziny.
o) Zdejmij brzeg tortownicy i wyłóż sernik.
p) Udekoruj kawałkami czekolady i listkami mięty.

35. Rozmarynowo-miodowy sernik bez pieczenia

Porcje: 8 porcji

SKŁADNIKI
- 400g serka śmietankowego
- 10 uncji podwójnej śmietany
- 150g miodu
- ½ łyżeczki pasty waniliowej
- 2 gałązki rozmarynu
- 200 g herbatników trawiennych
- 50g orzechów włoskich
- 120 g niesolonego masła

INSTRUKCJE

a) Rozmaryn drobno posiekać.

b) Dodaj połowę rozmarynu plus całe masło do rondla i rozpuść na małym ogniu. Pozostaw do zaparzenia podczas przygotowywania reszty bazy.

c) Zmiksuj lub zmiażdż herbatniki trawienne i orzechy włoskie na drobny proszek.

d) Wymieszaj bazę herbatników i orzechów z roztopionym masłem rozmarynowym, aby uzyskać gęstą pastę. Wyłóż dno tortownicy pergaminem do pieczenia i wlej spód do formy. Wstawić do lodówki i pozostawić na 15-20 minut do stężenia.

e) W międzyczasie ubij podwójną śmietanę, aż utworzy sztywne szczyty i odłóż na bok.

f) Ubij serek śmietankowy, aż będzie lekki i puszysty, następnie dodaj wanilię, pozostały rozmaryn i miód. Ubij ponownie.

g) Połącz mieszaninę serka śmietankowego z podwójną śmietaną za pomocą szpatułki.

h) Wylej połączoną masę na spód biszkoptowy, wyrównaj, przykryj folią spożywczą i ponownie włóż do lodówki. Odstawić na 1 godzinę do stężenia.

i) Aby podać, wypchnij dno tortownicy i zsuń sernik z dna na talerz lub półmisek.

36. Miętowa Tarta Sernikowa Bez Pieczenia

Porcje: 12 porcji

SKŁADNIKI

- 1 uncja niesmakowanej żelatyny
- 2 szklanki gazowanej sody cytrynowo-limonkowej, podzielone
- ½ szklanki cukru, podzielone
- 1 szklanka okruchów krakersa graham
- ¼ szklanki masła, stopionego
- 8 uncji sera śmietankowego, zmiękczonego
- 1 łyżeczka skórki z cytryny
- 1½ filiżanki rozmrożonej bitej polewy
- 1½ szklanki mieszanych świeżych jagód
- 1 nektarynka, pokrojona w plasterki
- świeże liście mięty

INSTRUKCJE

a) Posyp żelatynę ponad ½ szklanki sody w małej misce. Doprowadź pozostałą sodę do wrzenia w rondlu.
b) Dodać do żelatyny wraz z 2 łyżkami cukru; mieszać przez 3 min. aż żelatyna całkowicie się rozpuści.
c) Wlać do 9-calowej kwadratowej patelni spryskanej sprayem do gotowania.
d) Przechowywać w lodówce przez 45 min. lub do lekkiego zgęstnienia, od czasu do czasu mieszając.
e) Połącz okruchy grahamki, masło i 2 łyżki pozostałego cukru; naciśnij na dno 9-calowej tortownicy. Przechowywać w lodówce, aż będzie gotowy do użycia.
f) Ubij ser śmietankowy, skórkę z cytryny i pozostały cukier w średniej misce mikserem, aż się połączą.
g) Delikatnie wymieszaj ubitą polewę; rozsmarować na cieście.

h) Udekoruj wierzch tarty owocami i miętą, aby przypominały kwiaty.
i) Pokryj mieszanką żelatyny.
j) Przechowywać w lodówce przez 3 godziny lub do stężenia. Przejedź nożem po krawędzi formy, aby poluzować tartę; zdejmij krawędź patelni przed podaniem.

37. Sernik z imbirem i kolendrą bez pieczenia

Porcje: 12 porcji

SKŁADNIKI:
SKÓRKA IMBIROWA
- 25 ciastek imbirowych
- 2 łyżeczki suszonej kolendry
- 90g niesolonego masła

POŻYWNY
- 500 g pełnotłustego sera śmietankowego
- 300 ml gęstej śmietany
- 3,5 uncji cukru
- 1 łyżka cukru pudru
- 2 łyżki posiekanego imbiru
- 1 łyżka syropu ze słoika imbiru
- Liście z 30 g pęczka świeżej kolendry
- 1 mango
- 1 łyżka żelatyny

BYCZY
- 1 mango
- 1 łyżka żelatyny
- Sok z 1 limonki

ABY ZROBIĆ SKÓRĘ

a) Zacznij od obrócenia herbatników w drobną okruchy, używając robota kuchennego lub wkładając je do plastikowej torby i rozgniatając wałkiem do ciasta, a następnie dodaj suchą kolendrę.

b) Rozpuść masło i dodaj do masy biszkoptowej. Dobrze wymieszaj, a następnie przełóż do tortownicy o średnicy 9 cali.

Używając tylnej części łyżki, dociśnij mieszaninę, aby utworzyć równomiernie upakowaną podstawę.

c) Przełożyć do lodówki do stężenia.

DO WYKONANIA NAPEŁNIENIA

d) W blenderze zmiksuj miąższ z 2 mango. Połowę włóż do lodówki na później.

e) Rozpuść żelatynę w około jednej trzeciej kubka ciepłej wody i pozostaw do ostygnięcia.

f) Bardzo drobno posiekaj imbir i świeżą kolendrę i odłóż na bok.

g) W dużej misce wymieszaj serek śmietankowy, cukier i cukier puder za pomocą łyżki, aby energicznie wymieszać. Następnie wymieszaj puree z mango i żelatynę.

h) W osobnej misce ubij śmietanę, aż utworzą się miękkie szczyty. Delikatnie wymieszaj to z masą serową. Delikatnie wymieszaj imbir i świeżą kolendrę, aż do równomiernego wymieszania.

i) Wlej mieszaninę do formy na spód biszkoptowy i włóż do lodówki. Pozostawić do schłodzenia na co najmniej 2 godziny przed dodaniem polewy.

ABY ZROBIĆ NADANIE

j) Dodaj sok z jednej limonki do pozostałego puree z mango.

k) Rozpuść 1 łyżeczkę żelatyny w około 3 łyżkach ciepłej wody i dodaj do mieszanki z mango, dobrze mieszając. Na wierzch wyłożyć polewę i równomiernie rozprowadzić łyżką.

l) Ciasto ponownie włożyć do lodówki. Pozostaw do ostygnięcia na co najmniej 3 godziny – najlepiej na całą noc.

m) Ostrożnie wyjąć z formy i przełożyć na talerz lub paterę.

CIASTKA I CUKIERKI SERNIKI

38. Sernik Toblerone bez pieczenia

Porcje: 8 porcji

SKŁADNIKI

- ½ szklanki herbatników czekoladowych
- ¼ szklanki mielonych migdałów
- ½ szklanki solonego masła, stopionego
- 2½ szklanki serka śmietankowego Philadelphia, zmiękczonego
- ½ szklanki cukru pudru
- 1 szklanka czekolady Toblerone, rozpuszczonej
- ½ szklanki zagęszczonej śmietany
- 1 szklanka czekolady Toblerone, ekstra, startej na tarce

INSTRUKCJE

a) Herbatniki przetwarzaj w robocie kuchennym, aż będą przypominać drobną bułkę tartą. Dodaj migdały i masło. Przetwarzaj kolejne 10 sekund, aby połączyć. Wciśnij okruchy herbatników w dno lekko natłuszczonej tortownicy o średnicy 20 cm. Przechowywać w lodówce przez 20 minut.

b) W międzyczasie za pomocą miksera elektrycznego ubij serek śmietankowy z cukrem na gładką masę. Dodać roztopioną czekoladę i śmietankę. Mieszaj, aż dobrze się połączą.

c) Wyłóż masę na spód miękiszu i wyrównaj wierzch szpatułką. Przechowywać w lodówce przez 3 godziny lub przez noc. Do podania udekoruj sernik startą czekoladą.

39. Kruche Ciasteczka Bez Pieczenia Sernik

Porcje: 10 porcji

SKŁADNIKI:
- 1 Koperta zwykłej żelatyny
- ¼ szklanki zimnego mleka
- 1 szklanka mleka, podgrzanego do wrzenia
- 2 paczki sera śmietankowego po 8 uncji każda
- ½ szklanki) cukru
- 1 łyżeczka ekstraktu lub aromatu waniliowego
- ½ szklanki miniczekoladowych chipsów
- 1 Krakers graham z głębokim naczyniem. Skórka
- 1 szklanka twoich ulubionych ciasteczek, grubo pokruszonych

INSTRUKCJE:

a) W blenderze posyp żelatynę zimnym mlekiem; odstawić na 2 min. Dodaj gorące mleko i przetwarzaj na niskim poziomie, aż się rozpuści, około 2 min.

b) Dodaj serek śmietankowy, cukier i wanilię i miksuj, aż się połączą. Na spód ciasta wyłożyć czekoladę.

c) Wlać mieszaninę żelatyny; posypać pokruszonymi ciasteczkami. Schłodzić do jędrności, około 2 godzin.

40. Sernik Oreo bez pieczenia

Porcje: 16 porcji

SKŁADNIKI
- Opakowanie 19,1 uncji Ciasteczka OREO, podzielone
- 6 łyżek masła, stopionego
- Cztery 8-uncjowe opakowania sera śmietankowego, zmiękczonego
- ¾ szklanki cukru
- 1 łyżeczka wanilii
- Wanna o pojemności 8 uncji Cool Whip Whipped Topping, rozmrożona

INSTRUKCJE:

a) Umieść około 15 ciasteczek w galonowej torbie Ziploc. Pokrusz ciasteczka za pomocą wałka do ciasta. Nadal powinieneś mieć niezłe kawałki.

b) Umieść pozostałe ciasteczka w robocie kuchennym, aż zostaną drobno zmiażdżone. Wymieszać z masłem.

c) Umieść drobno pokruszone ciasteczka na dnie patelni o wymiarach 13 × 9 cali. Wyciśnij je równomiernie, tworząc skorupę. Zamrażać.

d) Następnie połącz ser śmietankowy, cukier i wanilię w mikserze stojącym lub mikserem ręcznym. Mieszaj, aż dobrze się połączą.

e) Delikatnie wymieszaj ubitą polewę i posiekane ciasteczka. Masę wyłożyć na spód i równomiernie rozprowadzić. Okładka.

f) Przechowywać w lodówce przez 4 godziny lub do stężenia.

41. Tort urodzinowy Funfetti Oreo bez pieczenia

Sprawia, że: 12-14

SKŁADNIKI
SKORUPA
- 25 Złoty Tort Urodzinowy Oreo
- 2-3 łyżki posypać
- ¼ szklanki masła, stopionego

POŻYWNY
- 24 uncje sera śmietankowego, temperatura pokojowa
- ½ szklanki) cukru
- 1 łyżeczka ekstraktu waniliowego
- 1 szklanka mieszanki ciasta Funfetti, opiekanego
- 2 łyżki mleka
- 8 uncji fajny bicz
- 1 ½ filiżanki Okruchy Złotego Tortu Urodzinowego Oreo
- 7–10 Złoty tort urodzinowy Oreo, posiekany
- 6 łyżek posypać

POLEWA Z BITEJ ŚMIETANY
- ¾ szklanki ciężkiej śmietany do ubijania, zimnej
- 6 łyżek cukru pudru
- ½ łyżeczki ekstraktu waniliowego
- Golden Birthday Cake Oreo okruchy, opcjonalnie
- Złoty tort urodzinowy Oreos, przekrojony na pół

INSTRUKCJE

a) Aby zrobić skórkę, dodaj Oreo i posypkę do robota kuchennego.
b) Pulsuj, aż utworzą okruchy.
c) Połącz okruchy Oreo i posypkę z roztopionym masłem i mieszaj, aż dobrze się połączą.
d) Wciśnij okruchy na dno i do połowy boków 9-calowej tortownicy. Wstawić do lodówki do stężenia.
e) Aby zrobić nadzienie, wymieszaj serek śmietankowy i cukier w dużej misce mikserem, aż będą gładkie i dobrze połączone.
f) Dodaj ekstrakt waniliowy, ciasto i mleko i mieszaj, aż dobrze się połączą.
g) Złóż Cool Whip.
h) Dodaj okruchy Oreo, posiekane Oreo i posypkę i delikatnie mieszaj, aż dobrze się połączą.
i) Rozłóż nadzienie równomiernie na cieście i wyrównaj wierzch. Wstawić do lodówki do stężenia, 4-5 godzin.
j) Sernik zdjąć z blaszki.
k) Aby przygotować bitą śmietanę, dodaj do dużej miski śmietankę, cukier puder i ekstrakt waniliowy. Ubijaj na wysokich obrotach, aż utworzą się sztywne szczyty.
l) Na wierzchu sernika ułożyć zawijasy z bitej śmietany. W razie potrzeby udekoruj dodatkowymi okruchami Oreo i połówkami Oreo.
m) Przechowywać w lodówce, aż będzie gotowy do podania.

42. Kokosowy sernik z makaronem bez pieczenia

Porcje: 8 porcji

SKŁADNIKI
- ½ szklanki zwykłych słodkich herbatników
- ½ szklanki makaroników kokosowych
- ½ szklanki masła, stopionego
- 2 łyżeczki żelatyny
- 1 łyżka wody
- 8-uncjowe opakowanie serka śmietankowego, zmiękczone
- ¼ szklanki cukru pudru
- 1 szklanka kremu kokosowego
- 1 łyżeczka drobno startej skórki z limonki
- 1 ½ łyżki soku z limonki

INSTRUKCJE:

a) Przetwarzaj herbatniki, aż będą w porządku; dodać masło i miksować do połączenia. Równomiernie wyciśnij masę na spód i boki prostokątnej formy do tarty o wymiarach 11 cm x 34 cm z rowkami i luźnym dnem. Umieścić puszkę na tacy i zamrozić na czas robienia nadzienia.

b) W międzyczasie posyp żelatynę wodą w małym żaroodpornym dzbanku; postaw dzbanek w małym rondelku z gotującą się wodą. Mieszaj, aż żelatyna się rozpuści; schłodzić przez 5 minut.

c) Ubij serek śmietankowy i cukier puder w małej misce mikserem elektrycznym, aż będzie gładki. Dodaj śmietankę kokosową, skórkę i sok; ubijać do gładkości. Wymieszaj mieszaninę żelatyny.

d) Wlać mieszaninę do kruszonki. Okładka; przechowywać w lodówce przez około 3 godziny lub do stężenia.

43. Czekoladowy Sernik Cannoli Bez Pieczenia

Porcje: 8 porcji

SKŁADNIKI:
- 4 uncje muszli cannoli
- ½ szklanki) cukru
- ½ szklanki okruchów krakersa graham
- ⅓ szklanki masła, stopionego

POŻYWNY:
- Dwa 8-uncjowe opakowania serka śmietankowego, zmiękczonego
- 1 szklanka cukru pudru
- ½ łyżeczki startej skórki pomarańczowej
- ¼ łyżeczki mielonego cynamonu
- ¾ szklanki częściowo odtłuszczonego sera ricotta
- 1 łyżeczka ekstraktu waniliowego
- ½ łyżeczki ekstraktu z rumu
- ½ szklanki miniaturowych półsłodkich kawałków czekolady
- Posiekane pistacje, opcjonalnie

INSTRUKCJE:

a) Pulsuj muszle cannoli w robocie kuchennym, aż utworzą się grube okruchy. Dodaj cukier, okruchy krakersów i roztopione masło; pulsować tylko do połączenia. Naciśnij na spód i górę natłuszczonego 9-calowego. talerz do pierogów. Przechowywać w lodówce do stężenia, około 1 godziny.

b) Ubij pierwsze 4 składniki nadzienia, aż się połączą. Ubij ser ricotta i ekstrakty. Wmieszać chipsy czekoladowe. Rozłóż w cieście.

c) Przechowywać w lodówce, pod przykryciem, do stężenia, około 4 godzin. W razie potrzeby udekoruj pistacjami.

44. Podwójny Sernik Czekoladowy Bez Pieczenia

Porcje: 8 plasterków

SKŁADNIKI:
DO SKORUPY
- 6,1-uncjowe pudełko bezglutenowych ciasteczek czekoladowych
- 1 łyżka cukru granulowanego
- ¼ łyżeczki soli
- 2 łyżki niesolonego masła, roztopionego

NA SERNIK
- 1¼ szklanki półsłodkich kawałków czekolady
- 1 funt sera śmietankowego w temperaturze pokojowej
- ¾ szklanki cukru pudru
- 3 duże jajka w temperaturze pokojowej
- ¼ szklanki kwaśnej śmietany
- 2 łyżeczki bezglutenowego ekstraktu waniliowego
- 1½ szklanki wody
- Cukier cukierniczy, do posypania

INSTRUKCJE:
SKORUPA

a) Spryskaj tortownicę nieprzywierającym sprayem do gotowania. Wytnij koło z pergaminu o takim samym rozmiarze jak dno patelni i umieść je w naczyniu. Spryskaj pergamin. Odłożyć na bok.

b) Umieść ciasteczka w misce robota kuchennego i pulsuj, aż będą przypominać gruboziarnisty piasek. Wlej okruchy ciasteczek do średniej miski i dodaj cukier i sól. Mieszaj do połączenia. Dodaj stopione masło i mieszaj, aż masa się sklei.

c) Delikatnie dociśnij okruchy równomiernie na dnie przygotowanej formy. Użyj palców lub szklanki z płaskim dnem, aby pomóc wcisnąć skórkę na miejsce. Włóż ciasto do zamrażarki na czas robienia nadzienia.

SERNIK

d) W średniej misce nadającej się do użytku w kuchence mikrofalowej rozpuść kawałki czekolady na dużej mocy, mieszając co 30 sekund, aż będą gładkie i całkowicie się roztopią. Niech ostygnie.

e) W misce miksera stojącego ubij serek śmietankowy na gładką masę. Dodaj ¾ szklanki cukru pudru i dalej ubijaj. Dodaj jajka, jedno po drugim, ubijając przez 1 minutę i zeskrobując boki miski po każdym dodaniu. Ubij śmietanę i wanilię, aż do całkowitego połączenia.

f) Mikserem na niskich obrotach powoli dodawać schłodzoną roztopioną czekoladę. Wymieszaj całkowicie.

g) Wlej nadzienie do przygotowanej skorupy. Postukaj naczyniem o blat, aby usunąć pęcherzyki powietrza.

h) Umieść podstawkę na dnie wewnętrznego garnka szybkowaru i dodaj wodę.

i) Spód tortownicy szczelnie owinąć folią aluminiową. Lekko spryskaj kawałek folii nieprzywierającym sprayem do gotowania i umieść go na serniku. Za pomocą zawiesia foliowego opuść doniczkę na podstawkę.

j) Zamknij i zablokuj pokrywę, upewniając się, że pokrętło uwalniania pary znajduje się w pozycji uszczelnienia. Gotuj pod wysokim ciśnieniem przez 56 minut. Po zakończeniu użyj szybkiego spustu, obracając pokrętło zwalniające do pozycji odpowietrzania, uwalniając całą parę. Gdy trzpień pływaka opadnie, odblokuj pokrywę i otwórz ją ostrożnie. Naciśnij Anuluj.

k) Za pomocą zawiesia foliowego ostrożnie przenieś sernik na drucianą kratkę do studzenia. Po 1 godzinie zdejmij folię i przejedź cienkim nożem po brzegach sernika, aby oddzielić go od blachy.

l) Przykryć folią i wstawić do lodówki na co najmniej 8 godzin lub na całą noc, aż do całkowitego stężenia.

m) Pokroić na 8 plasterków i podawać z posypką cukru pudru na wierzchu.

45. Sernik mokka bez pieczenia

Porcja: 12 plasterków

SKŁADNIKI
BAZA CIASTECZKOWA
- 300 g produktów trawiennych
- 150 g niesolonego masła
- 25 g kakao w proszku

NADZIENIE SERNIKOWE
- 150 gramów mlecznej czekolady
- 2 łyżeczki kawy obozowej
- 500 g pełnotłustego sera śmietankowego
- 100 g cukru pudru
- 1 łyżeczka ekstraktu waniliowego
- 300 ml podwójnego kremu

DEKORACJA
- 100 gramów mlecznej czekolady
- 150 ml podwójnej śmietany
- 2 łyżki cukru pudru
- 1 łyżeczka kawy obozowej
- Posypka

INSTRUKCJE

NA BAZĘ CIASTECZKOWĄ

a) Zmiel produkty trawienne w robocie kuchennym z proszkiem kakaowym, aż uzyskasz drobny miękisz.

b) Wymieszaj herbatniki z roztopionym masłem i dociśnij do dna tortownicy o średnicy 20 cm i wstaw do lodówki na czas przygotowywania nadzienia!

DO WYPEŁNIENIA

c) Ostrożnie rozpuść mleczną czekoladę i odstaw na bok, aby lekko ostygła.

d) Używając elektrycznego miksera stojącego, wymieszaj serek śmietankowy, wanilię i cukier puder, aż będą gładkie.

e) Dodaj podwójną śmietanę i wymieszaj razem, aż się zatrzyma.

f) Podziel mieszaniny na dwie miski. Do połowy dodać roztopioną mleczną czekoladę i wymieszać. W drugim dodaj ekstrakt z kawy obozowej i mieszaj, aż również się połączy.

g) Po wymieszaniu losowo nałóż mieszaninę na podstawę herbatników i zamieszaj je razem. Wygładź wierzch i wstaw do lodówki na ponad 6 godzin, a najlepiej na całą noc.

DO DEKORACJI

h) Po stężeniu wyjąć z foremki. Ubij razem śmietanę kremówkę, ekstrakt z kawy obozowej i cukier puder, aż będą gęste i nadające się do fajkowania.

i) Skrop roztopioną mleczną czekoladą, wyciśnij trochę pysznej bitej śmietany z kawą i posyp ładną posypką!

46. Sernikowe bomby bez pieczenia z masłem orzechowym

Robi: 12

SKŁADNIKI:
- 6 uncji twarogu
- ⅓ szklanki Naturalnego Kremowego Masła Orzechowego
- 2 łyżki ksylitolu
- 1 łyżeczka ekstraktu waniliowego
- 1 szczypta 1 szklanki Heavy Cream
- ⅛ łyżki gumy ksantanowej
- 3 batony Double Chocolate Crunch Bar, Snack Caramel

INSTRUKCJE:

a) Aby serek śmietankowy był kremowy, użyj miksera ustawionego na średnią prędkość, aby ubić zmiękczony serek śmietankowy. Połącz sproszkowany granulowany zamiennik cukru, masło orzechowe i wanilię w misce do mieszania, aż dobrze się połączą.

b) Dodaj 1 szklankę gęstej śmietany i ¼ łyżeczki gumy ksantanowej i ubijaj, aż mieszanina będzie lekka i puszysta.

c) Zrób trzy segmenty z batonów Atkins, przecinając je wzdłuż i grubo siekając. Używając 2-łyżkowej miarki na woskowanym papierze, który został dogodnie pokryty blachą do pieczenia, włóż składniki do mieszanki.

d) Wstawić do zamrażarki do całkowitego zamrożenia.

PUCHOWE SERNIKI

47. Sernik ajerkoniak z rumem bez pieczenia

Porcja: 1 porcja

SKŁADNIKI:
- 1¼ szklanki wafli waniliowych, drobno pokruszonych
- 3 łyżki masła, stopionego
- ⅓ szklanki cukru
- 1 opakowanie żelatyny bezsmakowej
- 1 szklanka ajerkoniaku
- 4 Żółtka, ubite
- ¼ łyżeczki mielonej gałki muszkatołowej
- 16 uncji Serek śmietankowy, zmiękczony
- 2 łyżki rumu
- 4 Białka jaj
- ½ szklanki) cukru
- ½ szklanki śmietanki kremówki
- Ogolona czekolada
- Kruszone wafelki waniliowe

INSTRUKCJE:

a) W małej misce wymieszaj 1¼ szklanki pokruszonych wafli i stopionego masła; wymieszać do dokładnego połączenia.

b) Wciśnij mieszankę okruchów w dno i ½ cala w górę 9-calowej tortownicy, aby utworzyć twardą, równą skórkę. Schłodzić przez około 1 godzinę lub do stężenia. W średnim rondlu połącz ⅓ szklanki cukru i żelatynę.

c) Wmieszaj ajerkoniak, żółtka i gałkę muszkatołową. Gotuj na średnim ogniu, ciągle mieszając, aż mieszanina się zagotuje. Zdjąć z ognia. W dużej misce miksera ubijaj ser śmietankowy mikserem na średnich obrotach przez 30 sekund lub do momentu, aż zmięknie; stopniowo wbijać mieszaninę żelatyny. Wymieszaj z rumem lub mlekiem.

d) Schłodzić do częściowego stężenia. W średniej misce miksera ubij białka ze średnią prędkością, aż utworzą się miękkie szczyty.

e) Stopniowo dodawać pozostały cukier, ubijając na sztywną pianę. W małej misce ubij śmietanę na miękkie szczyty. Złóż białka i śmietankę do ubitej żelatyny. Przełożyć do formy wyłożonej okruchami. Okładka; schłodzić do jędrności, od 3 do 24 godzin.

f) Boki sernika odrywać od blaszki szpatułką; usunąć boki.

g) Górną krawędź sernika posypać startą czekoladą lub okruchami wafla.

48. Sernik Margarita bez pieczenia

Porcje: 8 porcji

SKŁADNIKI:
- 8 uncji serka śmietankowego, zmiękczonego
- 14 uncji może słodzone mleko skondensowane
- ¼ szklanki soku z limonki
- skórka z 1 limonki
- 2 łyżki tequili
- ¼ łyżeczki Cointreau, likier pomarańczowy
- 8 uncji wanny bitej polewy, rozmrożonej
- 1 gotowa skorupa krakersa graham

SŁUŻYĆ:
- Dodatkowa bita śmietana i plastry limonki

INSTRUKCJE:

a) Zdejmij plastikową osłonę z gotowego ciasta i odłóż na później.

b) W dużej misce wymieszaj serek śmietankowy i słodzone mleko skondensowane za pomocą miksera elektrycznego, aż uzyskasz gładką konsystencję. Po uzyskaniu gładkości dodaj sok z limonki, skórkę z limonki, tequilę i likier pomarańczowy i mieszaj do połączenia. Złóż ubitą polewę, aż zostanie włączona. Wlać mieszaninę do przygotowanego ciasta i rozprowadzić równą warstwę. Przykryj plastikową osłoną, którą uratowałeś ze skórki i przechowuj w lodówce przez co najmniej dwie godziny lub do stężenia.

c) Gdy będzie gotowy do podania, dodaj wiry bitej śmietany i kawałki limonki zanurzone w cukrze. Kroimy w plastry i podajemy.

d) Przechowuj resztki sernika margarita w lodówce do 5 dni.

49. Sernik Pinacolada bez pieczenia

Porcje: 10 porcji

SKŁADNIKI:
- 1 skorupa kokosowa
- 2 koperty z niesmakowanej żelatyny
- Cukier
- 6 uncji soku ananasowego
- 3 jajka, oddzielone
- Trzy 8-uncjowe paczki śmietankowego sera zmiękczonego
- ¼ szklanki ciemnego rumu jamajskiego
- ¼ łyżeczki ekstraktu z kokosa
- 20-uncjowa puszka kruszonego ananasa
- 1 łyżka skrobi kukurydzianej

INSTRUKCJE:

a) Wymieszaj żelatynę i ½ szklanki cukru w rondlu. Dodać sok ananasowy. Stań przez 1 minutę. Podgrzewaj na małym ogniu, aż żelatyna się rozpuści, około 5 minut. Zdjąć z ognia.

b) Dodaj żółtka, jedno po drugim dobrze ubijając po każdym. Lekko ostudzić. Serek kremowy ubić na puszystą masę.

c) Wymieszaj mieszaninę żelatyny z rumem i ekstraktem kokosowym.

d) Szybko schłodź, ustawiając mieszaninę nad miską z lodowatą wodą; mieszać, aż lekko zgęstnieje.

e) Ubij białka jaj, aż się spienią.

f) Stopniowo dodawaj ¼ szklanki cukru, aż utworzą się sztywne szczyty. Włożyć do żelatyny. Zamień w przygotowaną skórkę. Przechowywać w lodówce przez noc.

g) W rondlu połącz nieodsączonego ananasa z 2 łyżkami cukru i skrobią kukurydzianą. Gotować, mieszając, aż się zagotuje i zgęstnieje. Fajny. Łyżka na sernik.

50. Wódka Bez Pieczenia Sernik Toffi Jabłkowy

Porcje: 8-10 porcji

SKŁADNIKI:

- 6 czerwonych jabłek
- 1 łyżka soku z cytryny
- 230g Piernika Grantham lub Orzechów Piernikowych
- 60g masła, roztopionego
- 300 ml podwójnej śmietany
- 50g cukru pudru
- 150 ml jogurtu greckiego
- 310 g lekkiego miękkiego sera
- 2 łyżki wódki toffi
- 3,5 uncji cukru pudru

INSTRUKCJE:

a) Obierz 4 jabłka i pokrój je w 1 cm kawałki. Włóż do szklanej miski z sokiem z cytryny i włącz kuchenkę mikrofalową na pełną moc na 3 minuty. Dobrze wymieszać. Gotuj w kuchence mikrofalowej przez kolejne 2-3 minuty, aż zrobi się papkowaty z kilkoma małymi grudkami. Pozostaw do ostygnięcia.

b) Zmiel herbatniki w robocie kuchennym, aż utworzą się drobne okruchy. Dodaj masło i ubij, aż się zmiesza. Spód formy o średnicy 20 cm z luźnym dnem wyłożyć papierem do pieczenia. Wsyp okruchy i dociśnij płasko tylną częścią łyżki. Schłodzić, aż będzie to wymagane. Boki formy wyłożyć długim paskiem papieru do pieczenia.

c) Ubij razem śmietankę i cukier puder, aż utworzą się miękkie szczyty. Umieść jogurt, miękki ser, wódkę i sos jabłkowy w dużej misce i delikatnie mieszaj, aż do równomiernego wymieszania –

nie ubijaj zbyt mocno. Delikatnie wmieszaj krem. Wyłóż łyżką na dno, wyrównaj wierzchem łyżki i schładzaj przez noc.

d) Wydrążyć gniazda nasienne i pokroić w cienkie plasterki ostatnie 2 jabłka. Osusz ręcznikiem kuchennym. Połóż arkusz rolki kuchennej na talerzu przeznaczonym do podgrzewania w kuchence mikrofalowej i ułóż na nim połowę plasterków jabłka. Mikrofale o mocy 800 W przez 3 minuty. Odwrócić plasterki jabłka, osuszyć ręcznikiem kuchennym i wstawić do kuchenki mikrofalowej na kolejne 3 minuty, aż będą miękkie i prawie suche. Odłóż na bok i powtórz z pozostałym jabłkiem.

e) Umieść arkusz papieru do pieczenia na ruszcie. Umieść cukier i 4 łyżki wody w małym rondlu. Delikatnie podgrzewać bez mieszania, aż cukier się rozpuści. Gotuj przez 3-4 minuty, aż uzyskasz miodowo-złoty karmel. Zdjąć z ognia, dodać ¼ suszonego jabłka, wymieszać, aby pokryło, a następnie wyjmować jedno po drugim, pozwalając, aby nadmiar karmelu spłynął z powrotem na patelnię. Ułożyć na papierze do pieczenia.

f) Powtórz jeszcze trzy razy. Jeśli karmel zgęstnieje, podgrzewaj delikatnie przez 20 sekund.

g) Sernik przekładamy na talerz i zdejmujemy papier do pieczenia. Ułóż karmelowe plasterki jabłka na wierzchu, posyp pokruszonymi herbatnikami imbirowymi, jeśli chcesz, i podawaj.

PIECZONE SERNIKI

51. Sernik Truskawkowy Francuskie Tosty

Porcje: 4 porcje

SKŁADNIKI:
- ½ szklanki sera śmietankowego, zmiękczonego
- 2 łyżki cukru pudru
- 2 łyżki konfitury truskawkowej
- 8 kromek wiejskiego białego chleba
- 2 jajka
- ½ szklanki pół na pół
- 2 łyżki cukru
- 4 łyżki masła, podzielone

INSTRUKCJE:
a) Połącz ser śmietankowy i cukier puder w małej misce; Dobrze wymieszać. Wmieszać konfitury. Rozłóż mieszankę serka śmietankowego równomiernie na 4 kromkach chleba; wierzch z pozostałymi plasterkami, aby uformować kanapki.
b) Wymieszaj jajka, pół na pół i cukier w średniej misce; odłożyć na bok.
c) Rozpuść 2 łyżki masła na dużej patelni na średnim ogniu. Zanurz każdą kanapkę w mieszance jaj, całkowicie zakrywając obie strony.
d) Gotuj 2 kanapki na raz przez jedną do 2 minut z każdej strony lub do uzyskania złotego koloru.
e) Rozpuść pozostałe masło i ugotuj pozostałe kanapki zgodnie z instrukcją.

52. Owsiany sernik jagodowo-cytrynowy

Porcje: 4 porcje

SKŁADNIKI:
- ¼ szklanki beztłuszczowego jogurtu greckiego
- 2 łyżki jogurtu jagodowego
- ¼ szklanki jagód
- 1 łyżeczka startej skórki z cytryny
- 1 łyżeczka miodu

INSTRUKCJE:
a) Połącz owies i mleko w 16-uncjowym słoiku z masonem; wierzch z wybranymi dodatkami.
b) Przechowywać w lodówce przez noc lub do 3 dni; podawać na zimno.

53. Naleśniki Sernik Truskawkowy

Porcje: 4 porcje

SKŁADNIKI:

- 1 szklanka mąki orkiszowej
- 2 łyżki bezcukrowej mieszanki budyniowej waniliowej
- ½ łyżeczki proszku do pieczenia
- ½ łyżeczki sody oczyszczonej
- ¾ szklanki zwykłego jogurtu greckiego
- ½ szklanki + 2 łyżki 2% niskotłuszczowego mleka
- 1 duże jajko
- 2 łyżki syropu klonowego
- 1 szklanka cienko pokrojonych truskawek

INSTRUKCJE:

a) Dodaj mąkę, mieszankę budyniową, proszek do pieczenia i sodę oczyszczoną do miski i wymieszaj, aby połączyć.

b) W innej misce wymieszaj jogurt, mleko, jajko i syrop klonowy, aż się połączą.

c) Dodać mokre składniki do suchych i wymieszać do dokładnego połączenia.

d) Ostrożnie wymieszaj truskawki.

e) Odstaw ciasto na 2 do 3 minut. Dzięki temu wszystkie składniki się połączą, a ciasto będzie miało lepszą konsystencję.

f) Obficie spryskaj nieprzywierającą patelnię lub patelnię olejem roślinnym i podgrzej na średnim ogniu.

g) Gdy patelnia będzie gorąca, dodaj ciasto za pomocą miarki ¼ szklanki i wlej ciasto na patelnię, aby zrobić naleśnik. Użyj miarki, aby uformować naleśnik.

h) Smaż, aż boki będą gotowe, a na środku pojawią się bąbelki (około 2 do 3 minut), a następnie odwróć naleśnik.

i) Gdy naleśnik będzie już upieczony z tej strony, zdejmij naleśnik z ognia i połóż na talerzu.

j) Kontynuuj te kroki z resztą ciasta

54. Mrożony sernik figowy

Porcje: 12 plasterków

SKŁADNIKI:
- 1 szklanka okruchów krakersa graham
- 1 szklanka plus 2 łyżki cukru pudru
- 4 łyżki masła, stopionego
- 2 szklanki sera ricotta, odsączonego
- 8 uncji sera śmietankowego
- 1 łyżka skrobi kukurydzianej
- 4 duże jajka
- 2 łyżeczki ekstraktu waniliowego
- Szczypta soli
- ⅓ szklanki dżemu figowego

INSTRUKCJE:

a) Rozgrzej piekarnik do 340°F (171°C). Owiń wnętrze 9-calowej (23 cm) tortownicy folią aluminiową. Spryskaj nieprzywierającym sprayem do gotowania i odłóż na bok.

b) W małej misce połącz okruchy krakersa graham, 2 łyżki cukru i masło. Wciśnij w dno przygotowanej formy. Schłodzić przez 30 minut w lodówce.

c) W dużej misce do mieszania dodaj ser ricotta, serek śmietankowy, pozostałą 1 szklankę cukru i skrobię kukurydzianą. Dobrze wymieszaj mikserem elektrycznym ze średnią prędkością. Dodawać po jednym jajku, ubijając na niskich obrotach po każdym dodaniu. Dodaj ekstrakt waniliowy i sól i ubijaj na niskich obrotach, aż składniki się połączą.

d) Wyjąć skórkę z lodówki. Wlać ciasto do skorupy. Delikatnie wmieszaj dżem figowy do sernika, aby uzyskać marmurkowy efekt. Umieść blachę w większym garnku z gorącą wodą, tak aby tortownica była do połowy zanurzona.

e) Pieczemy od 55 minut do 1 godziny. Ciasto powinno stężeć, ale jeszcze lekko potrząsnąć. Wyjąć z większej miski z wodą i ostudzić na kratce, aż osiągnie temperaturę pokojową.

f) Przesuń nóż do masła wokół wewnętrznej krawędzi patelni, aby oddzielić sernik od patelni, a następnie odepnij zewnętrzną część patelni. Schłodzić przez 1 godzinę, a następnie zamrozić przez 4 godziny. Pozostaw w temperaturze pokojowej na 10 do 15 minut przed krojeniem i podaniem.

g) Przechowywanie: Przechowywać szczelnie owinięte w folię spożywczą w zamrażarce do 1 miesiąca.

55. Wegański Sernik Jagodowy

Robi: 6

SKŁADNIKI:
- 4 (8 uncji) opakowania wegańskiego serka śmietankowego
- 0,5 uncji Agar Agar + 1 szklanka gorącej wody
- 3 uncje wegańskiej galaretki cytrynowej + 1 szklanka gorącej wody
- ¼ szklanki cukru pudru
- wafle
- Świeże truskawki lub maliny
- 2 pudełka (po 3 uncje każde) wegańskiej galaretki truskawkowej

INSTRUKCJE:
a) W filiżance gorącej wody rozpuść 2 opakowania agaru i 1 szklankę galaretki cytrynowej.
b) Gdy ser będzie gotowy, ubijaj go przez około 2 minuty, aż będzie puszysty. Agar Agar i galaretkę należy dodawać stopniowo.
c) Mieszaj, aż znikną wszystkie grudki. Dodać cukier i dalej ubijać, aż wszystko dobrze się połączy.
d) Na spodzie wiosennej formy ułożyć wafelki waniliowe. Napełnij patelnię mieszanką twarogu. Przechowywać w lodówce przez co najmniej 2 godziny.
e) Zrób galaretkę truskawkową z połową ilości wody (1 szklanka na każde opakowanie, w sumie 2 szklanki z dwóch pudełek). Pozwól ostygnąć przez kilka minut.
f) Umieść truskawki na wierzchu mieszanki serowej, która została ustawiona. Przechowywać w lodówce, aż galaretka stwardnieje, a następnie wylać ją na truskawki.

56. Sernik z mango

Porcje: 6 porcji

SKŁADNIKI:
SKORUPA
- 7 arkuszy krakersów Graham, pokruszonych
- 2 łyżki niesolonego masła, roztopionego

POŻYWNY
- 1 funt serka śmietankowego,
- ½ szklanki pulpy z mango plus 1½ łyżeczki
- ½ szklanki) cukru
- 1 łyżka curry w proszku
- 2 łyżeczki mąki uniwersalnej
- 2 duże jajka plus 1 żółtko

INSTRUKCJE:
a) Napełnij dzbanek Instant Pot do połowy wodą i dodaj metalową podstawkę do gotowania na parze.
b) Połącz krakersy Graham i roztopione masło w robocie kuchennym, aż będą gładkie.
c) Rozłóż mieszankę krakersów Graham równomiernie na dnie przygotowanej patelni. Zamrażać
d) Aby przygotować nadzienie, wymieszaj w blenderze ser śmietankowy, 12 filiżanek miąższu z mango, proszek curry, cukier i mąkę, aż uzyskasz gładką konsystencję.
e) Pęknięcie w jajkach
f) Napełnij zamrożony spód nadzieniem.
g) Skrop pozostałymi 112 łyżkami pulpy z mango na wierzchu.
h) Umieść 8-calowy arkusz folii aluminiowej na wierzchu patelni i przykryj ręcznikiem papierowym.
i) W Instant Pot umieść patelnię na stojaku.
j) Rozgrzej piekarnik do wysokiego ciśnienia przez 37 minut.
k) Pozostaw sernik na blacie do ostygnięcia na około godzinę. Zamrażać.
l) Podawaj na zimno, pokrój w plastry.

57. **Sernik jagodowy**

Robi: 10

SKŁADNIKI:
DO SKORUPY:
- 2 szklanki pokruszonych bezglutenowych krakersów graham ¼ szklanki białego cukru
- 6 łyżek niesolonego masła, stopionego

DO NAPEŁNIENIA:
- 2 ½ (8 uncji) opakowań sera śmietankowego, zmiękczonego
- ½ szklanki miodu
- 3 duże jajka
- 2 łyżki mleka
- 1 ½ łyżeczki ekstraktu waniliowego
- ¼ łyżeczki soli

DLA COULISÓW:
- 250 g jagód (lub innych jagód, jeśli wolisz)
- 100 ml / 6 łyżek wody
- 2 łyżki syropu klonowego/nektaru z agawy

INSTRUKCJE:

a) Rozgrzej piekarnik do 180C / 350F
b) Składniki na kruszonkę mieszamy, aż dobrze się połączą.
c) Wlej mieszankę skórki do 9-calowej okrągłej tortownicy i dociśnij ją równomiernie wzdłuż masła i około 1 cala w górę po bokach.
d) Ciasto pieczemy przez 8 minut, po czym odstawiamy do ostygnięcia.
e) W misce ubij serek śmietankowy i miód na gładką masę.
f) W osobnej misce ubij jajka, mleko, ekstrakt waniliowy i sól. Dodaj mieszaninę do mieszanki sera śmietankowego i dobrze wymieszaj.
g) Złóż jeżyny uważając, aby ich nie połamać.
h) Wlać nadzienie do schłodzonego spodu i piec przez 30 minut lub do momentu, aż sernik będzie ścięty w środku.
i) Poczekaj, aż sernik ostygnie, a następnie delikatnie zdejmij boki tortownicy.
j) Przed podaniem schłodź sernik przez co najmniej 4 godziny.
k) Przygotuj coulis, wkładając jagody do rondla z wodą i syropem i gotuj na średnim ogniu przez 2-3 minuty.
l) Zdejmij z ognia i pozwól mu ostygnąć. Możesz go ubić, aby był gładki lub pozostawić tak, jak jest.
m) Sernik polać coulis.

58. Sernik żurawinowo-pomarańczowy

Porcje: 12 porcji

SKŁADNIKI:
- 1 szklanka okruchów grahama
- 2 szklanki Twaróg
- 1 opakowanie lekkiego serka śmietankowego; 8 uncji
- ⅔ szklanki cukru
- ½ szklanki jogurtu naturalnego
- ¼ szklanki mąki; wszystkich celów
- 2 szklanki Żurawiny
- ½ szklanki soku pomarańczowego
- 1 łyżka margaryny; lekki, roztopiony
- 2 białka jaj
- 1 jajko
- 1 łyżka skórki pomarańczowej; tarty
- 1 łyżeczka wanilii
- ⅓ szklanki cukru
- 2 łyżeczki skrobi kukurydzianej

INSTRUKCJE:
a) Składniki na kruszonkę połączyć. Naciśnij na spód 9-calowej tortownicy.
b) Piec w temperaturze 325 stopni F przez 5 minut.
c) W robocie kuchennym zmiksuj twaróg na gładką masę. Dodać serek śmietankowy i zmiksować na gładką masę. Dodaj pozostałe składniki nadzienia; przetwarzać, aż będzie gładkie. Wlać do patelni. Piec w temperaturze 325 stopni F przez 50 do 60 minut lub do momentu, aż prawie ustawi się w środku.
d) Przejedź nożem po krawędzi ciasta, aby poluzować go od krawędzi. Schłodzić na stojaku. Chłod.
e) Połącz żurawinę, sok pomarańczowy i cukier w rondlu. Doprowadzić do wrzenia, ciągle mieszając. Następnie gotuj na wolnym ogniu przez 3 minuty lub do momentu, aż żurawiny zaczną strzelać. Rozpuść skrobię kukurydzianą w 1 łyżce wody. Dodaj do garnka, gotuj i mieszaj przez 2 minuty.
f) Schłodzić polewę i przed podaniem posmarować nią ciasto.

59. **Sernik ze skórką cytryny**

Porcje: 10 porcji

SKŁADNIKI:
- 1 funt Serek śmietankowy
- 1½ szklanki cukru; Granulowany
- 2 jajka
- ½ łyżeczki cynamonu; Grunt
- 1 łyżeczka skórki z cytryny; Tarty
- ¼ szklanki niebielonej mąki
- ½ łyżeczki soli
- 1 x cukier cukierniczy
- 3 łyżki masła

INSTRUKCJE:

a) Rozgrzej piekarnik do 400 stopni Fahrenheita. W dużej misce utrzyj ser, 1 łyżkę masła i cukier. Nie miażdż.

b) Dodawać po jednym jajku, dokładnie miksując po każdym dodaniu.

c) Połącz cynamon, skórkę z cytryny, mąkę i sól. Nasmaruj patelnię pozostałymi 2 łyżkami masła, równomiernie rozprowadzając je palcami.

d) Wlej ciasto do przygotowanej formy i piecz w temperaturze 400 stopni przez 12 minut, następnie zmniejsz temperaturę do 350 stopni i piecz przez kolejne 25 do 30 minut. Nóż powinien być wolny od jakichkolwiek pozostałości.

e) Kiedy ciasto ostygnie do temperatury pokojowej, posyp je cukrem pudrem.

60. Odwrócone serniki z ananasem

Porcje: 4 mini ciastka

SKŁADNIKI:
- 1 łyżka niesolonego masła
- ¼ szklanki okruchów krakersa Graham
- ¾ szklanki miękkiego sera śmietankowego (6 uncji)
- ¼ szklanki + 1 łyżeczka cukru
- ¼ łyżeczki Świeżo startej skórki z cytryny
- ¼ łyżeczki wanilii
- 1 duże jajko
- 1 łyżeczka skrobi kukurydzianej
- ½ szklanki odcedzonej puszki rozgniecionej
- Ananas, zachowaj 1 łyżkę soku
- ½ szklanki wody

INSTRUKCJE:
a) W małym rondlu rozpuść masło na umiarkowanym ogniu, dodaj okruchy grahamki, a następnie podziel mieszaninę na 4 papierowe linie ½ filiżanki foremek na muffiny, dociskając, aby utworzyła skórkę.

b) Piecz skórki na środku nagrzanego piekarnika 350F przez 5 minut, a następnie pozostaw do ostygnięcia na stojaku przez 5 minut.

c) W misce z mikserem elektrycznym ubij ser śmietankowy, ¼ szklanki cukru, skórkę i wanilię, aż mieszanina dobrze się połączy.

d) Dodaj jajko, ubij, aż dobrze się połączy, i rozłóż ciasto między puszkami. Piecz serniki na środku nagrzanego do 350 F piekarnika przez 20 minut lub do momentu ich ustawienia, a następnie pozwól im ostygnąć na stojaku przez 10 minut.

e) Podczas gdy serniki się pieką, w małej misce rozpuść skrobię kukurydzianą w zarezerwowanym soku ananasowym. W małym rondelku gotuj rozgniecionego ananasa z wodą i pozostałą 1 łyżeczką cukru przez 5 minut lub do momentu, aż płyn zredukuje się do około 2 łyżek stołowych.

f) Wymieszaj mieszaninę skrobi kukurydzianej i wymieszaj ją z mieszanką ananasa.
g) Gotuj sos, mieszając, przez 2 minuty, przełóż do metalowej miski ustawionej w większej misce z lodem i zimną wodą i pozwól mu ostygnąć, od czasu do czasu mieszając.
h) Wylej sos na 2 talerze i odwróć serniki na sosie, odrzucając papier.

61. Sernik mandarynkowy

Porcje: 2 porcje

SKŁADNIKI:
- 1 szklanka krakersów Graham; Zgnieciony
- 2 łyżki cukru
- 3 opakowania 8 uncji sera śmietankowego; Zmiękczone
- 4 jajka
- 1 szklanka cukru
- 1½ szklanki kwaśnej śmietany
- 2 łyżeczki wanilii
- 2 łyżki roztopionego masła
- 2 łyżki soku z mandarynek
- 1 łyżka startej skórki z mandarynki
- 2 łyżki cukru

INSTRUKCJE:
a) Dokładnie połączyć 3 pierwsze składniki. Wciśnij w dno i boki tortownicy 8x3.
b) Piec przez 5 minut i ostudzić; (piekarnik 350 stopni). Teraz włącz piekarnik do 250 stopni. Umieść 1 opak. serek śmietankowy i 1 jajko w dużej misce miksera; dokładnie ubić.
c) Powtórz z pozostałym serem i jajkami, dobrze ubijając po każdym dodaniu. Stopniowo dodawać cukier na przemian z sokiem. Ubijaj na średnich obrotach przez 10 minut.
d) Wmieszać skórkę. Wylać na spód i piec 25 minut. Wyłącz ogrzewanie; pozostaw ciasto w piekarniku na 45 minut, a następnie wyjmij.
e) Teraz włącz piekarnik do 350 stopni. Składniki na polewę dokładnie połączyć. Odstaw w temperaturze pokojowej. Delikatnie rozsmarować na ciepłym cieście.
f) Wróć do nagrzanego do 350 stopni piekarnika na 10 minut. Częściowo ostudzić na metalowej podstawce. Przechowywać w lodówce przez noc, jeśli to możliwe.

62. Sernik Orzechowy

Porcje: 10 porcji

SKŁADNIKI:
- Bułka maślana
- 2 szklanki Twaróg
- ½ szklanki) cukru; Granulowany
- 2 łyżeczki skrobi kukurydzianej
- ½ szklanki orzechów włoskich; Posiekana,
- 3 jajka; Duży, oddzielony
- ½ szklanki kwaśnej śmietany
- 1 łyżeczka skórki z cytryny; Tarty

INSTRUKCJE:
a) Rozgrzej piekarnik do 325 stopni F.
b) Twarożek przetrzeć przez sito i odsączyć.
c) W dużej misce ubij żółtka na jasną i pieniącą się masę, a następnie powoli dodawaj cukier, nadal ubijając, aż masa będzie bardzo jasna i gładka.
d) Dodaj twarożek do mieszanki jajecznej, dobrze mieszając, następnie dodaj kwaśną śmietanę, skrobię kukurydzianą, skórkę z cytryny i orzechy włoskie (w razie potrzeby). Mieszaj, aż wszystkie składniki dobrze się połączą, a masa będzie gładka.
e) W innej dużej misce ubij białka, aż utworzą miękkie szczyty, a następnie delikatnie wymieszaj je z ciastem. Tak przygotowaną masę wylewamy na spód i pieczemy około 1 godziny.
f) Przed podaniem schłodzić do temperatury pokojowej.

63. Ciasto makadamia i limonka

Robi: 14

SKŁADNIKI
KREM Z SERNIKA
- ½ szklanki orzechów makadamia
- ½ szklanki mąki migdałowej Honeyville
- ¼ szklanki zimnego masła
- ¼ szklanki TERAZ Erytrytolu
- 1 duże żółtko

POŻYWNY
- 8 uncji twarogu
- ¼ szklanki masła
- ¼ szklanki TERAZ Erytrytolu
- ¼ łyżeczki płynnej stewii
- 1-2 łyżki soku z limonki
- 2 duże jajka
- skórka z 2 limonek

INSTRUKCJE:
a) Rozgrzej piekarnik do 350F. W robocie kuchennym dodaj ½ szklanki orzechów makadamia.
b) Zmiel orzechy na gruboziarnistą konsystencję mąki, a następnie dodaj ¼ szklanki TERAZ erytrytolu.
c) Pulsuj przez kilka chwil, a następnie dodaj ½ szklanki mąki migdałowej Honeyville.
d) Pulsuj ponownie, aż wszystko się połączy.
e) Pokrój w kostkę ¼ szklanki zimnego masła i dodaj do robota kuchennego. Pulsuj ponownie, aż mieszanina zacznie się zbrylać.
f) Dodać 1 żółtko i ponownie zmiksować pulsacyjnie, aż całe ciasto się zlepi.
g) Wyjmij ciasto z robota kuchennego i ugniataj razem rękami.

h) Używając silikonowych foremek na babeczki (lub zwykłej, natłuszczonej foremki na babeczki), wypełnij zagłębienia około ⅛ do ¼ wysokości. To zależy od tego, jak gęste lubisz ciasto. Jeśli sprawisz, że ciasto będzie cienkie, będziesz w stanie zrobić więcej babeczek sernikowych.
i) Piec skórkę przez 5-7 minut w temperaturze 350 F. Nie powinny być rumiane po wyjęciu, będą wyglądać na tłuste i niedopieczone.
j) Podczas gdy skorupa się gotuje, ubij razem 1 blok serka śmietankowego (8 uncji) i ¼ szklanki masła.
k) Po połączeniu masła i twarogu dodać 2 jajka i ponownie wymieszać.
l) Dodaj ¼ szklanki TERAZ erytrytolu i ¼ łyżeczki płynnej stewii, a następnie ponownie wymieszaj.
m) Na koniec dodaj skórkę z około 2 limonek i sok z 2.
n) Ponownie wymieszaj, aż do całkowitego połączenia.
o) Po wyjęciu spodów z piekarnika pozwól im ostygnąć przez 3-5 minut, a następnie wlej masę do foremek. Wypełnij je, aby zostawić trochę miejsca na górze, ponieważ podczas gotowania urosną i mogą się wylać.
p) Piec serniki przez 30-35 minut w 350F.
q) Serniki studzimy przez 20-30 minut, a następnie przechowujemy je w lodówce przez całą noc.
r) Dodaj trochę dodatkowej skórki z limonki na wierzchu i podawaj!

64. Sernik jagodowy

Porcja: 1 sernik

SKŁADNIKI:
SKORUPA
- ½ szklanki startego kokosa
- 1 szklanka prażonych migdałów
- 1 łyżka oleju kokosowego, roztopionego
- 1 łyżeczka ekstraktu waniliowego

POŻYWNY
- 2 szklanki orzechów nerkowca, namoczonych przez 12 godzin, opłukanych i osuszonych
- 3 łyżki soku z cytryny w temperaturze pokojowej
- ½ szklanki syropu klonowego
- ½ szklanki oleju kokosowego, roztopionego
- 8 kropli olejku infuzyjnego o smaku jagodowym
- 2 szklanki świeżych jagód

INSTRUKCJE:
a) Wyłóż 9-calową okrągłą blachę do ciasta pergaminem.
b) Połącz składniki na spód w robocie kuchennym i miksuj przez 1 minutę.
c) Wciśnij mieszankę skórki na dno przygotowanej tortownicy.
d) Posmaruj glazurą skórkę i włóż do zamrażarki.
e) Wszystkie składniki na nadzienie zmiksuj blenderem na gładką masę.
f) Wyjmij zamrożoną skórkę z zamrażarki i umieść ją na blasze do pieczenia. Na wierzch wyłożyć nadzienie sernikowe.
g) Zamroź sernik 30 minut przed podaniem.

65. Bezglutenowy Sernik Migdałowy

Sprawia: Jeden 7-calowy sernik

SKŁADNIKI:
DO SKORUPY
- 2 szklanki bezglutenowej mąki migdałowej
- ¼ łyżeczki soli
- 1½ łyżki brązowego cukru
- ¼ szklanki niesolonego masła, stopionego

NA SERNIK
- 1 funt sera śmietankowego w temperaturze pokojowej
- 2 łyżki skrobi kukurydzianej
- ⅔ szklanki cukru pudru Szczypta soli
- ½ szklanki kwaśnej śmietany w temperaturze pokojowej
- 2 łyżeczki bezglutenowego ekstraktu waniliowego
- ⅛ łyżeczki bezglutenowego ekstraktu z migdałów
- 2 duże jajka w temperaturze pokojowej
- 1 szklanka zimnej wody

INSTRUKCJE:
SKORUPA

a) Lekko spryskaj spód i boki tortownicy o wymiarach 7 x 3 cale (18 x 7,6 cm) nieprzywierającym sprayem do gotowania (takim, który nie zawiera mąki).
b) Wytnij koło z pergaminu o takim samym rozmiarze jak spód tortownicy. Umieść koło pergaminowe na dnie patelni i delikatnie spryskaj dodatkowym sprayem zapobiegającym przywieraniu. Odłożyć na bok.
c) W małej misce wymieszaj mąkę migdałową, sól i brązowy cukier. Dodaj stopione masło i mieszaj widelcem, aż się sklei.
d) Wlać mieszaninę skorupy do przygotowanej patelni. Rozprowadź palcami i delikatnie dociśnij, aby utworzyć równą warstwę. Wstaw blachę do zamrażarki na czas przygotowywania ciasta sernikowego.

SERNIK

e) W średniej misce ubij ser śmietankowy mikserem ręcznym na niskich obrotach, aż będzie gładki. W małej misce wymieszaj mąkę kukurydzianą, cukier granulowany i sól. Dodaj połowę mieszanki cukru do serka śmietankowego i ubijaj, aż się połączy. Zeskrobać boki miski szpatułką.
f) Dodaj pozostałą mieszaninę cukru i ubijaj, aż się połączy. Dodaj kwaśną śmietanę oraz ekstrakty waniliowy i migdałowy do mieszanki serka śmietankowego. Ubijaj, aż wszystko się połączy.
g) Dodaj jajka, jedno po drugim, dobrze zgarniając z miski po każdym dodaniu. Nie mieszać.
h) Wyjąć skórkę z zamrażarki. Szczelnie owiń dno naczynia folią aluminiową, aby zapobiec wyciekom. Masę serowo-śmietankową wyłożyć na spód. Lekko postukaj w blat, aby usunąć pęcherzyki powietrza.
i) Wlej zimną wodę do wewnętrznego garnka szybkowaru. Umieść trójnóg w garnku. Użyj foliowego zawiesia, aby ostrożnie umieścić patelnię z sernikiem na trójnogu. Upewnij się, że patelnia nie dotyka wody.

j) Zamknij i zablokuj pokrywę, upewniając się, że pokrętło uwalniania pary znajduje się w pozycji uszczelnienia. Gotuj pod wysokim ciśnieniem przez 40 minut. Po zakończeniu użyj metody szybkiego uwalniania, obracając pokrętło zwalniające do pozycji odpowietrzania i uwalniając parę.
k) Gdy trzpień pływaka opadnie, odblokuj pokrywę i otwórz ją ostrożnie. Delikatnie osusz powierzchnię sernika ręcznikiem papierowym, aby wchłonąć skropliny.
l) Ostrożnie wyjąć sernik i odłożyć na metalową kratkę do ostygnięcia.
m) Gdy sernik całkowicie ostygnie, włóż go do lodówki na 6 do 8 godzin lub na całą noc. Gdy będzie gotowy do podania, wyjmij sernik z lodówki. Zwolnij boki tortownicy i wsuń cienki nóż między papier pergaminowy a skórkę, a następnie ostrożnie wsuń na talerz do serwowania.

66. Puszysty sernik japoński

Porcja: 1 sernik

SKŁADNIKI:
- Lody waniliowe
- Mieszanka Brownie, jedno opakowanie
- Gorący sos krówkowy

INSTRUKCJE:
a) Nagrzej piekarnik do 350 stopni.
b) Wytnij paski folii, aby wyłożyć duże foremki do muffinek.
c) Układaj paski na krzyż, aby użyć ich jako uchwytów do podnoszenia, gdy ciasteczka są gotowe.
d) Spryskaj folię na patelni za pomocą sprayu do gotowania.
e) Przygotuj ciasto brownie zgodnie z opisem na opakowaniu.
f) Rozłóż ciasto równo pomiędzy foremki do muffinek. Foremki na muffiny będą wypełnione w około ¾.
g) Umieścić foremkę z muffinami na wyłożonej brzegami blasze do pieczenia i piec w nagrzanym piekarniku przez 40-50 minut.
h) Wyjąć z piekarnika i studzić w formie przez 5 minut, a następnie przenieść na kratkę chłodzącą na dodatkowe dziesięć minut.
i) Być może trzeba będzie użyć noża do masła lub szpatułki do polewania, aby poluzować boki każdego ciasteczka, a następnie wyjąć je z formy na muffinki za pomocą foliowych uchwytów.
j) Ciepłe brownie podawaj na talerzu z gałką lodów waniliowych i gorącym sosem krówkowym.

67. Podwójny Czekoladowy Sernik Krówkowy

Porcje: 8 plasterków

SKŁADNIKI:
DO SKORUPY
- 6,1-uncjowe pudełko bezglutenowych ciasteczek czekoladowych
- 1 łyżka cukru granulowanego
- ¼ łyżeczki soli
- 2 łyżki niesolonego masła, roztopionego

NA SERNIK
- 1¼ szklanki półsłodkich kawałków czekolady
- 1 funt sera śmietankowego w temperaturze pokojowej
- ¾ szklanki cukru pudru
- 3 duże jajka w temperaturze pokojowej
- ¼ szklanki kwaśnej śmietany
- 2 łyżeczki bezglutenowego ekstraktu waniliowego
- 1½ szklanki wody
- Cukier cukierniczy, do posypania

INSTRUKCJE:
SKORUPA
a) Spryskaj tortownicę o wymiarach 7 x 3 cale (18 x 7,6 cm) nieprzywierającym sprayem do gotowania. Wytnij koło z pergaminu o takim samym rozmiarze jak dno patelni i umieść je w naczyniu. Spryskaj pergamin. Odłożyć na bok.
b) Umieść ciasteczka w misce robota kuchennego i pulsuj, aż będą przypominać gruboziarnisty piasek. Wlej okruchy ciasteczek do średniej miski i dodaj cukier i sól. Mieszaj do połączenia. Dodaj stopione masło i mieszaj, aż masa się sklei.
c) Delikatnie dociśnij okruchy równomiernie na dnie przygotowanej formy. Użyj palców lub szklanki z płaskim dnem, aby pomóc wcisnąć skórkę na miejsce. Włóż ciasto do zamrażarki na czas robienia nadzienia.

SERNIK

d) W średniej misce nadającej się do użytku w kuchence mikrofalowej rozpuść kawałki czekolady na dużej mocy, mieszając co 30 sekund, aż będą gładkie i całkowicie się roztopią. Niech ostygnie.
e) W misce miksera stojącego ubij serek śmietankowy na gładką masę. Dodaj ¾ szklanki (144 g) cukru pudru i dalej ubijaj. Dodaj jajka, jedno po drugim, ubijając przez 1 minutę i zeskrobując boki miski po każdym dodaniu. Ubij śmietanę i wanilię, aż do całkowitego połączenia.
f) Mikserem na niskich obrotach powoli dodawać schłodzoną roztopioną czekoladę. Wymieszaj całkowicie.
g) Wlej nadzienie do przygotowanej skorupy. Postukaj naczyniem o blat, aby usunąć pęcherzyki powietrza.
h) Umieść podstawkę na dnie wewnętrznego garnka szybkowaru i dodaj wodę.
i) Spód tortownicy szczelnie owinąć folią aluminiową. Lekko spryskaj kawałek folii nieprzywierającym sprayem do gotowania i umieść (spryskaną stroną do dołu) na serniku. Za pomocą zawiesia foliowego opuść doniczkę na podstawkę.
j) Zamknij i zablokuj pokrywę, upewniając się, że pokrętło uwalniania pary znajduje się w pozycji uszczelnienia. Gotuj pod wysokim ciśnieniem przez 56 minut. Po zakończeniu użyj szybkiego spustu, obracając pokrętło zwalniające do pozycji odpowietrzania, uwalniając całą parę. Gdy trzpień pływaka opadnie, odblokuj pokrywę i otwórz ją ostrożnie. Naciśnij Anuluj.
k) Za pomocą zawiesia foliowego ostrożnie przenieś sernik na drucianą kratkę do studzenia. Po 1 godzinie zdejmij folię i przejedź cienkim nożem po brzegach sernika, aby oddzielić go od blachy.
l) Przykryć folią i wstawić do lodówki na co najmniej 8 godzin lub na całą noc, aż do całkowitego stężenia.
m) Pokroić na 8 plasterków i podawać z posypką cukru pudru na wierzchu

68. Japoński sernik

Składniki: 1 ciasto

SKŁADNIKI:
- 200 gramów białej czekolady
- 150 g crème fraîche
- 3 jajka

INSTRUKCJE:
a) Oddziel jajka i włóż białka do zamrażarki.
b) Pokrój czekoladę na małe kawałki i rozpuść je w podwójnym bojlerze. Niech czekolada trochę ostygnie.
c) Wymieszaj żółtka i crème fraîche. Mieszaj, aż powstanie kremowa masa.
d) Białka wyjmujemy z zamrażarki, ubijamy z białkami i delikatnie łączymy z masą.
e) Ciasto przełożyć do tortownicy i piec w temperaturze 180°C przez kilka minut. Następnie zmniejsz temperaturę do 150°C i piecz jeszcze 15 minut.
f) Na koniec odstawiamy na 15 minut do wyłączonego piekarnika.

69. sernik dyniowy

Porcja: 1 sernik

SKŁADNIKI:
- 1 ½ szklanki pokruszonych ciasteczek imbirowych
- 1 łyżka roztopionego masła
- 2 bloki sera śmietankowego (łącznie 16 uncji) w temperaturze pokojowej
- ½ szklanki puree z dyni
- 1 Łyżki mąki
- ¼ szklanki syropu klonowego
- ¼ szklanki brązowego cukru
- 1 łyżeczka przyprawy do dyni
- 2 jajka (temperatura pokojowa)

INSTRUKCJE:
a) W misce wymieszaj imbir i masło. Odłożyć na bok.
b) W wyjmowanej dolnej blasze (lub w formie sprężynowej) wyłożyć papierem do pieczenia. Wlej pokruszoną mieszankę imbiru na patelnię i spłaszcz ją szklanką z płaskim dnem. Wstawić do lodówki do stężenia.
c) W innej misce wymieszaj serek śmietankowy, puree z dyni, mąkę, syrop klonowy, brązowy cukier i przyprawę dyniową do uzyskania gładkiej konsystencji. Następnie wymieszaj jajko, jedno po drugim, mieszając je tylko do połączenia. Zakończ szpatułką. Wlać do przygotowanej tortownicy i przykryć folią.
d) Do naczynia Multipot dodaj 1 szklankę wody i włóż formę do sernika na trójnóg. Opuść do doniczki wewnętrznej i zamknij pokrywkę. Przesuń manometr do uszczelnienia i włącz funkcję ciasta na 30 minut.
e) Po zakończeniu zwolnij do szybkiego ciśnienia i otwórz pokrywę na kilka minut, aby uwolnić resztę pary. Wyłącz maszynę i zamknij pokrywę.
f) Pozwól mu naturalnie ostygnąć przez godzinę i wyjmij sernik. Wstawić do lodówki na co najmniej 4-5 godzin do schłodzenia. Cieszyć się!

70. Sernik Dyniowy

Robi: 12
SKŁADNIKI:
- 1 (16,6 uncji) opakowanie czekoladowych ciasteczek kanapkowych z kremem pomarańczowym
- 4 łyżki masła, stopionego
- 3 (8 uncji) opakowania serka śmietankowego, zmiękczonego
- 1-¼ szklanki cukru, podzielone
- 4 jajka
- 2 łyżeczki ekstraktu waniliowego, podzielone
- 1 (16 uncji) pojemnik kwaśnej śmietany
- 5 kropli czerwonego barwnika spożywczego
- 10 kropli żółtego barwnika spożywczego

INSTRUKCJE:

a) Rozgrzej piekarnik do 350 stopni F. Umieść 23 ciasteczka w zamykanej plastikowej torbie. Używając wałka do ciasta, pokrusz ciastka, a następnie umieść okruchy w średniej misce z masłem; dobrze wymieszaj, a następnie rozprowadź mieszankę na dnie 10-calowej tortownicy. Schłodzić, aż będzie gotowy do napełnienia.

b) W dużej misce, z elektrycznym ubijakiem ustawionym na średnią prędkość, ubij serek śmietankowy i 1 szklankę cukru, aż uzyskasz kremową konsystencję. Dodawaj jajka jedno po drugim, dobrze ubijając po każdym dodaniu, a następnie dodaj 1 łyżeczkę wanilii i dobrze wymieszaj.

c) Odłóż 2 ciasteczka do dekoracji, a następnie połam pozostałe 8 ciasteczek. Wymieszaj kawałki ciasteczek w mieszance serka śmietankowego, a następnie wlej do skorupy.

d) Piecz przez 55 do 60 minut lub do momentu, aż będą twarde. Wyjąć z piekarnika i ostudzić przez 5 minut.

e) Tymczasem w średniej misce, używając łyżki, wymieszaj śmietanę, pozostały cukier i wanilię oraz barwnik spożywczy, aż dobrze się połączą. Ostrożnie rozprowadź mieszaninę kwaśnej śmietany na wierzchu sernika, a następnie piecz jeszcze przez 5 minut.

f) Pozostaw do ostygnięcia, a następnie schłodź przez noc lub co najmniej 8 godzin. Udekoruj dyniową buzię zarezerwowanymi 2 ciasteczkami.

g) Podawaj natychmiast lub przykryj, aż będzie gotowy do podania

71. Miski Sernika z Dyni

Robi: 4

SKŁADNIKI:
- 4 uncje sera śmietankowego, zmiękczonego
- 1 szklanka zwykłego jogurtu greckiego plus więcej do posypania
- 1 szklanka puree z dyni
- ¼ szklanki syropu klonowego
- 1 łyżeczka ekstraktu waniliowego
- 2 łyżeczki mielonego cynamonu
- 1 łyżeczka mielonego imbiru
- ½ łyżeczki mielonej gałki muszkatołowej
- Drobnomielona sól morska
- 1 szklanka granoli
- Prażone pestki dyni
- Posiekane orzechy pekan
- Osnówki granatu
- Nitki kakaowe

INSTRUKCJE:
a) Dodaj serek śmietankowy, jogurt, puree z dyni, syrop klonowy, wanilię, przyprawy i szczyptę soli do miski robota kuchennego lub blendera i miksuj, aż uzyskasz gładką i kremową konsystencję. Przełożyć do miski, przykryć i schłodzić w lodówce przez co najmniej 4 godziny.
b) Aby podać, podziel granolę na miseczki deserowe. Na wierzchu ułóż mieszankę dyni, porcję jogurtu greckiego, pestki dyni, orzechy pekan, osnówki granatu i ziarna kakaowca.
c) Dodaj farro, 1¼ szklanki (295 ml) wody i dużą szczyptę soli do średniego rondla. Doprowadź do wrzenia, a następnie zmniejsz ogień do niskiego poziomu, przykryj i gotuj na wolnym ogniu, aż farro będzie miękkie z lekkim żuciem, około 30 minut.
d) Połącz cukier, pozostałe 3 łyżki stołowe (45 ml) wody, laskę i nasiona wanilii oraz imbir w małym rondelku na średnim ogniu.

Doprowadzić do wrzenia, ubijając, aż cukier się rozpuści. Zdjąć z ognia i parzyć przez 20 minut. W tym czasie przygotuj owoce.

e) Odetnij końcówki grejpfruta. Ułożyć na płaskiej powierzchni roboczej, przecięciem do dołu. Za pomocą ostrego noża odetnij skórkę i biały rdzeń, podążając za krzywizną owocu, od góry do dołu. Przetnij między błonami, aby usunąć segmenty owocu. Powtórz ten sam proces, aby obrać i podzielić krwistą pomarańczę.

f) Usuń i wyrzuć imbir i laskę wanilii z syropu. Aby podać, podziel farro między miski. Owoce ułożyć na wierzchu miski, posypać osnkami granatu, a następnie skropić syropem imbirowo-waniliowym.

72. Serniki Mini Monster

Ilość na: 24 mini serniki

SKŁADNIKI:
- 24 czekoladowe ciasteczka kanapkowe z kremem pomarańczowym
- 3 (8 uncji) opakowania serka śmietankowego, zmiękczonego
- ¼ szklanki roztopionego masła 2
- łyżeczki ekstraktu waniliowego
- 14-uncjowa puszka słodzonego skondensowanego mleka
- 3 jajka

INSTRUKCJE:
a) Rozgrzej piekarnik do 300 stopni F. Ustaw 24 foremki na muffinki o regularnych rozmiarach z papierowymi foremkami do pieczenia.
b) Umieść ciastko na dnie każdego papierowego kubka.
c) W dużej misce, z elektrycznym ubijakiem na średniej prędkości, ubij śmietankowy ser, masło i wanilię, aż będą kremowe. Powoli dodawać słodzone mleko skondensowane, a następnie jajka, aż do dokładnego wymieszania. Wlej ciasto do foremek do pieczenia, aż będą prawie pełne.
d) Piec przez 25 do 30 minut lub do zestalenia. Całkowicie ostudzić, a następnie przechowywać w lodówce, aż będzie gotowy do podania.

73. Indywidualne Serniki Limonkowe

Przepis na: 6 pojedynczych serników

SKŁADNIKI:
DO SKORUPY
- 1¼ szklanki mielonych bezglutenowych ciasteczek kruchych
- 1½ łyżeczki brązowego cukru
- 2 łyżki niesolonego masła, stopionego Szczypta soli

NA SERNIK
- 8 uncji sera śmietankowego w temperaturze pokojowej
- 1 łyżka skrobi kukurydzianej
- ⅓ szklanki cukru pudru
- Szczypta soli
- 1 łyżka soku z limonki Key
- ¼ szklanki kwaśnej śmietany w temperaturze pokojowej
- 1 łyżeczka bezglutenowego ekstraktu waniliowego
- 1 łyżka drobno startej skórki z limonki i więcej do dekoracji
- 1 duże jajko w temperaturze pokojowej
- 1½ szklanki wody
- Bita śmietana, do dekoracji

INSTRUKCJE:
SKORUPA
a) Lekko spryskaj wnętrza sześciu 4-uncjowych (115 g) słoików z masonem nieprzywierającym sprayem do gotowania.
b) W małej misce wymieszaj pokruszone ciasteczka, brązowy cukier, masło i sól. Podziel mieszaninę ciastek równomiernie między słoiki z masonem. Delikatnie dociśnij ciasteczkową skórkę do dna szklanek.

SERNIK
c) W średniej misce ubij ser śmietankowy mikserem ręcznym na niskich obrotach, aż będzie gładki. W małej misce wymieszaj mąkę kukurydzianą, cukier granulowany i sól. Dodać mieszaninę

cukru do serka śmietankowego i ubijać tylko do połączenia. Zeskrobać boki miski szpatułką.

d) Dodaj sok z limonki, kwaśną śmietanę, wanilię i skórkę z limonki do mieszanki serka śmietankowego. Ubijaj, aż wszystko się połączy. Dodaj jajko; mieszać tylko do połączenia. Nie mieszać.

e) Masę sernikową rozłożyć równo między słoiki. Lekko stukaj słoikami o blat, aby uwolnić duże pęcherzyki powietrza.

f) Wlej wodę na dno naczynia wewnętrznego. Umieść trivet w garnku. Umieść napełnione słoiki na trójnogu, uważając, aby boki słoików nie stykały się ze sobą ani bokami garnka. Powinieneś być w stanie zmieścić pięć wokół krawędzi i mieć miejsce na jeden słoik pośrodku. Lekko umieść duży kawałek folii na wszystkich słoikach.

g) Zamknij i zablokuj pokrywę, upewniając się, że pokrętło uwalniania pary znajduje się w pozycji uszczelnienia. Gotuj pod wysokim ciśnieniem przez 4 minuty. Po zakończeniu gotowania pozostaw na 10 minut w naturalny sposób, a następnie ustaw pokrętło w pozycji odpowietrzania i wypuść pozostałą parę.

h) Gdy trzpień pływaka opadnie, odblokuj pokrywę i otwórz ją ostrożnie. Naciśnij Anuluj.

i) Zdejmij folię i wchłoń skropliny na powierzchni serników, delikatnie osuszając je papierowym ręcznikiem.

j) Pozwól sernikom ostygnąć w garnku przez 30 minut, następnie wyjmij je na kratkę do studzenia i pozwól im ostygnąć, aż osiągną temperaturę pokojową.

k) Przykryj serniki folią spożywczą i wstaw do lodówki na co najmniej 6 do 8 godzin, a najlepiej na całą noc.

l) Podawać udekorowane bitą śmietaną i dodatkową skórką z limonki.

74. Kartonowy Sernik Z Piekarnika

Porcje: 4 Porcje

SKŁADNIKI:
- 2 (8 uncji) opakowania serka śmietankowego
- ½ szklanki) cukru
- 1 łyżeczka wanilii
- 1 żółtko
- 2 puszki bułek półksiężycowych
- 1 białko jajka

INSTRUKCJE:
a) Wymieszaj pierwsze 4 składniki.
b) Otwórz 1 puszkę półksiężyców. Ściśnij szwy razem i użyj wałka do ciasta, aby rozłożyć je na arkuszu ciastek.
c) Umieść nadzienie na półksiężycowej bułce, pozostawiając ½ cala na krawędziach.
d) Otwórz drugą puszkę półksiężyców i zsuń szwy.
e) Rozwałkuj na stole, tego samego rozmiaru co blacha. Połóż nadzienie.
f) Użyj widelca, aby skleić krawędzie.
g) Białka ubić na pianę. Pędzel na wierzchu.
h) Piec w kartonowym piekarniku przez 30 minut w temperaturze 350 stopni.

75. Niskowęglowodanowe serniki limonkowe

Porcje: 4 Porcje

SKŁADNIKI:
KREM Z SERNIKA
- ½ szklanki orzechów makadamia
- ½ szklanki mąki migdałowej
- ¼ szklanki zimnego masła
- ¼ szklanki Erytrytolu
- 1 duże żółtko

KLUCZOWE WYPEŁNIANIE LIMONKOWE
- 6 uncji sera śmietankowego
- ¼ szklanki masła
- ¼ szklanki TERAZ Erytrytolu
- ¼ łyżeczki płynnej stewii
- 1-2 łyżki soku z limonki
- 2 duże jajka
- skórka z 2 kluczowych limonek

INSTRUKCJE:
a) Rozgrzej piekarnik do 350F. W robocie kuchennym dodaj ½ szklanki orzechów makadamia.
b) Zmiel orzechy na gruboziarnistą konsystencję mąki, a następnie dodaj ¼ szklanki TERAZ erytrytolu.
c) Pulsuj przez kilka chwil, a następnie dodaj mąkę migdałową.
d) Pulsuj ponownie, aż wszystko się połączy.
e) Pokrój w kostkę ¼ szklanki zimnego masła i dodaj do robota kuchennego. Pulsuj ponownie, aż mieszanina zacznie się zbrylać.
f) Dodać 1 żółtko i ponownie zmiksować pulsacyjnie, aż całe ciasto się zlepi.
g) Wyjmij ciasto z robota kuchennego i ugniataj je razem rękami.

h) Używając silikonowych foremek na babeczki, wypełnij zagłębienia około ⅛ do ¼ wysokości. To zależy od tego, jak gęste lubisz ciasto. Jeśli sprawisz, że ciasto będzie cienkie, będziesz w stanie zrobić więcej babeczek sernikowych.

i) Piec skórkę przez 5-7 minut w temperaturze 350 F. Nie powinny być rumiane po wyjęciu, będą wyglądać na tłuste i niedopieczone.

j) Podczas gdy skorupa się gotuje, ubij razem 1 blok serka śmietankowego (8 uncji) i ¼ szklanki masła.

k) Po połączeniu masła i twarogu dodać 2 jajka i ponownie wymieszać.

l) Dodaj ¼ szklanki TERAZ erytrytolu i ¼ łyżeczki płynnej stewii, a następnie ponownie wymieszaj.

m) Na koniec dodać skórkę z około 2 limonek i sok z 2 (jest to około 2 łyżek soku). Ponownie wymieszaj, aż do całkowitego połączenia.

n) Po wyjęciu spodów z piekarnika pozwól im ostygnąć przez 3-5 minut, a następnie wlej masę do foremek. Wypełnij je, aby zostawić trochę miejsca na górze, ponieważ podczas gotowania urosną i mogą się wylać.

o) Piec serniki przez 30-35 minut w 350F.

p) Serniki studzimy przez 20-30 minut, a następnie przechowujemy je w lodówce przez całą noc.

q) Dodaj trochę dodatkowej skórki z limonki na wierzchu i podawaj!

76. **Twaróg Sernik**

Robi: 8

SKŁADNIKI:
DLA SKÓRY
- ¼ szklanki twardej margaryny, stopionej
- 1 szklanka niskotłuszczowych okruchów krakersa graham
- 2 łyżki białego cukru
- ¼ łyżki cynamonu

NA CIASTO
- 2 szklanki niskotłuszczowego twarogu, puree
- 3 łyżki mąki uniwersalnej
- 1 łyżeczka ekstraktu waniliowego
- 2 jajka
- ⅔ szklanki białego cukru

INSTRUKCJE:
a) Przygotuj piekarnik, podgrzewając go do 325 stopni Fahrenheita.
b) Połącz stopioną margarynę, okruchy krakersa graham, cukier i cynamon.
c) Napełnij 10-calową sprężystą formę do połowy mieszanką skórki.
d) Wymieszaj zmiękczony twarożek, mleko, jajka, mąkę, wanilię i cukier, aż dobrze się połączą.
e) Wlać mieszaninę do skorupy ciasta.
f) Pieczemy 60 minut w piekarniku.

77. Sernik z dyni bez pieczenia

Porcje: 2 porcje

SKŁADNIKI:
DO SKORUPY
- Ciasto dyniowe kupione w sklepie

DO WYPEŁNIENIA
- 6 uncji twarogu
- ⅓ szklanki puree z dyni
- 2 łyżki kwaśnej śmietany
- ¼ szklanki ciężkiej śmietany
- 3 łyżki masła
- ¼ łyżeczki przyprawy do ciasta dyniowego
- 25 kropli płynnej stewii

INSTRUKCJE:
a) Umieść ciasto w foremkach do mini tart.
b) Zmiksuj wszystkie składniki nadzienia za pomocą blendera i wstaw do lodówki.
c) Po około 5 godzinach pokroić w plasterki i udekorować bitą śmietaną.

78. Sernik yuzu z mieszanymi jagodami bez pieczenia

Robi: 6

SKŁADNIKI
SKORUPA:
- 1 ½ Grahama Okruchy
- 4 łyżki stopionego masła

NADZIENIE SERNIKA CYTRYNOWEGO:
- 16 uncji sera śmietankowego, temp. pokojowa
- ½ szklanki kwaśnej śmietany
- 1 Łyżki mleka
- 1 łyżeczka ekstraktu waniliowego
- 1 szklanka pełnowartościowego ekologicznego cukru pudru
- skórka yuzu
- 1 łyżka soku z yuzu

SOS MALINOWY
- 2 łyżki zdrowego ekologicznego cukru trzcinowego
- 1 łyżka soku z yuzu
- 1 szklanka mieszanych jagód
- Polewa: bita śmietana, świeży klin cytrynowy i malina

INSTRUKCJE:
WYKONANIE SKÓRY:
a) W misce dodać okruchy grahamki z roztopionym masłem. Dobrze wymieszaj i odłóż na bok.

PRZYGOTOWANIE SERNIKA CYTRYNOWEGO:
b) W misce dodaj serek śmietankowy, śmietanę, mleko i ekstrakt waniliowy.
c) Mieszaj na najwyższych obrotach mikserem ręcznym, aż będzie gładka.
d) Dodaj cukier puder, skórkę z yuzu i sok z yuzu i ponownie wymieszaj.
e) Zeskrob miskę, a następnie dodaj do szprycy.

PRZYGOTOWANIE SOSU MALINOWEGO:

f) W średnim rondlu dodaj cukier, sok z yuzu i świeże maliny.
g) Mieszamy i gotujemy na średnim ogniu, aż maliny puszczą sok, a sos zgęstnieje.
h) Zdejmij z ognia i pozwól mu całkowicie ostygnąć.

ZŁOŻYĆ:

i) W słoiku z masonem o pojemności 4 uncji dodaj 2-3 łyżki stołowe mieszanki skorupy graham i ubij.
j) Następnie wlej masę sernikową.
k) Wstrząsnąć słoikiem, aby spłaszczyć masę sernikową.
l) Dodaj łyżkę sosu malinowego i udekoruj bitą śmietaną, kawałkiem cytryny i malinami. Cieszyć się!

79. Babeczki Sernikowe

Porcje: 12 porcji

SKŁADNIKI:
- 12 Piernikowych Ciasteczek
- 8 uncji twarogu o obniżonej zawartości tłuszczu
- ¼ szklanki) cukru
- 1 łyżeczka ekstraktu waniliowego
- 6 uncji beztłuszczowego greckiego jogurtu waniliowego
- 2 łyżeczki skórki pomarańczowej
- 2 białka jaj
- 1 łyżka mąki uniwersalnej

INSTRUKCJE:
a) Przygotuj piekarnik, podgrzewając go do 350 stopni Fahrenheita. W foremce na muffinki na 12 filiżanek wyłóż foremki do babeczek.
b) W każdej papilotce umieść jeden imbir.
c) Używając miksera elektrycznego, ubij kremowy ser, cukier i wanilię, aż będą gładkie.
d) W osobnej misce wymieszaj jogurt, skórkę pomarańczową, białka jaj i mąkę, aż będą ledwo wymieszane.
e) Wlej połowę ciasta do foremek na muffiny.
f) Piecz przez 20-25 minut, aż prawie zetnie się w środku.
g) Przechowywać w lodówce przez co najmniej 1 godzinę po schłodzeniu do temperatury pokojowej. Podawać.

80. Babeczki z sernikiem Custard Cup

Porcje: 16 porcji

SKŁADNIKI:
- 3 opakowania 8 uncji sera śmietankowego
- 1 szklanka cukru
- 1 łyżka wanilii
- 3 jajka
- 1 szklanka kwaśnej śmietany
- Kubki Custardowe

INSTRUKCJE:

a) Odstaw serek, aby zmiękł. Ubij na gładką masę z cukrem i wanilią. Dodaj jajka, jedno po drugim, ubijając na najwyższych obrotach. Wlać śmietanę.

b) Zrobi więcej niż to, co pomieści 9-calowa skorupa krakersa graham, więc napełnij ją po brzegi, a następnie upiecz resztę w kubkach z kremem.

c) Piec w temperaturze 350 F przez 30-35 minut lub do momentu, aż skórka będzie złocistobrązowa, a wykałaczka wyjdzie czysta.

81. **Kostki Sernika**

Porcje: 6 porcji

SKŁADNIKI:
SKORUPA
- 1¼ szklanki krakersów graham
- ¼ szklanki) cukru

POŻYWNY
- 2 szklanki sera śmietankowego
- 4 łyżki mleka
- 1 szklanka cukru
- 2 jajka
- 2 łyżki soku z cytryny
- 1 łyżeczka wanilii

INSTRUKCJE:
SKORUPA
a) Wymieszać i mocno docisnąć do dna naczynia 13 x 9.
b) Zarezerwuj trochę do posypania.
c) Piec przez 8 minut w temperaturze 350 stopni F.

POŻYWNY
d) Zmiksuj składniki i rozłóż je na upieczonym cieście.
e) Posyp pozostałymi okruchami na wierzchu.
f) Piec przez 20 minut w temperaturze 350 stopni F.
g) Schłodzić i dobrze zamrozić.

82. ciasteczka dyniowe

Robi: 2 tuziny

SKŁADNIKI:

- 16-uncjowa mieszanka ciasta funtowego
- 3 jajka, podzielone
- 2 łyżki margaryny, stopionej i lekko przestudzonej
- 4 łyżeczki przyprawy do ciasta dyniowego, podzielone
- Ser śmietankowy o pojemności 8 uncji, zmiękczony
- 14-uncjowa puszka słodzonego skondensowanego mleka
- 15-uncjowa puszka dyni
- ½ łyżeczki soli

INSTRUKCJE:

a) W dużej misce wymieszaj suchą mieszankę na ciasto, jedno jajko, margarynę i 2 łyżeczki przyprawy do ciasta dyniowego; mieszać aż do uzyskania kruszonki. Wciśnij ciasto do wysmarowanej tłuszczem formy do galaretki 15 "x 10". W osobnej misce ubij serek śmietankowy na puszystą masę.

b) Ubij skondensowane mleko, dynię, sól, pozostałe jajka i przyprawy. Dobrze wymieszaj; rozsmarować na cieście.

c) Piec w temperaturze 350 stopni przez 30 do 40 minut.

d) Fajny; schłodzić przed pokrojeniem na batony.

83. Bomby sernikowe z mrożoną czekoladą i masłem orzechowym

Robi: 12

SKŁADNIKI:
- 6 uncji twarogu
- ⅓ szklanki Naturalnego Kremowego Masła Orzechowego
- 2 łyżki ksylitolu
- 1 łyżeczka ekstraktu waniliowego
- 1 szczypta 1 szklanki Heavy Cream
- ⅛ łyżki gumy ksantanowej
- 3 batony Double Chocolate Crunch Bar, Snack Caramel

INSTRUKCJE:
a) Aby serek śmietankowy był kremowy, użyj miksera ustawionego na średnią prędkość, aby ubić zmiękczony serek śmietankowy.
b) Połącz sproszkowany granulowany zamiennik cukru, masło orzechowe i wanilię w misce do mieszania, aż dobrze się połączą.
c) Dodaj 1 szklankę gęstej śmietany i ¼ łyżeczki gumy ksantanowej i ubijaj, aż mieszanina będzie lekka i puszysta.
d) Zrób trzy segmenty z batonów Atkins, przecinając je wzdłuż i grubo siekając. Używając 2-łyżkowej miarki na woskowanym papierze, który został dogodnie pokryty blachą do pieczenia, włóż składniki do mieszanki.
e) Wstawić do zamrażarki do całkowitego zamrożenia.

84. Malinowe Trufle Sernikowe

Robi: 10

SKŁADNIKI:
- 2 łyżki gęstej śmietany
- 8 uncji twarogu, zmiękczonego
- ½ filiżanki Swerve w proszku
- Szczypta soli morskiej
- 1 łyżeczka stewii waniliowej
- 1 ½ łyżeczki ekstraktu z malin
- 2-3 krople naturalnego czerwonego barwnika spożywczego
- ¼ szklanki oleju kokosowego, stopionego
- 1 ½ filiżanki chipsów czekoladowych, bez cukru

INSTRUKCJE:
a) Na początek użyj miksera, aby dokładnie połączyć swój serek i serek śmietankowy, aż uzyskasz kremową konsystencję.
b) Połącz śmietanę, ekstrakt malinowy, stewię, sól i barwnik spożywczy w dużej misce.
c) Upewnij się, że wszystko jest dobrze połączone.
d) Dodaj olej kokosowy i mieszaj na najwyższych obrotach, aż wszystko dokładnie się połączy.
e) Nie zapomnij zeskrobać boków miski tak często, jak to konieczne. Pozwól mu stać w lodówce przez jedną godzinę. Wlej ciasto do miarki ciastek o średnicy około ¼ cala, a następnie na blachę do pieczenia, która została przygotowana z pergaminem.
f) Zamroź tę mieszankę na godzinę, a następnie pokryj ją roztopioną czekoladą, aby ją wykończyć! Przed podaniem należy wstawić go na kolejną godzinę do lodówki, aby stężał.

85. Ciasteczka & Bite Sernik Kremowy

Robi: 8

SKŁADNIKI:
PODSTAWA PLIKÓW COOKIES:
- ½ szklanki mąki migdałowej
- 4 łyżki kakao w proszku
- ½ łyżeczki ekstraktu waniliowego
- 1 łyżeczka proszku do pieczenia
- 1 jajko
- 1 łyżka oleju kokosowego lub masła klarowanego

NADZIENIE Z SERKA KREMOWEGO:
- ½ szklanki masła migdałowego
- 1 szklanka sera śmietankowego
- ¼ łyżeczki ekstraktu waniliowego
- Szczypta pasty z laski wanilii

INSTRUKCJE:
NA CIASTO:
a) Rozgrzej piekarnik do 180 stopni Celsjusza.
b) W średniej misce wymieszaj mąkę migdałową, kakao, ekstrakt waniliowy, sól i proszek do pieczenia.
c) W dużej misce wymieszaj jajko i olej kokosowy, aż dobrze się połączą.
d) Wyjąć biszkopty i ułożyć je na blasze wyłożonej papierem do pieczenia.
e) Piec przez 12 do 15 minut lub do momentu, aż będą chrupiące.

DO NAPEŁNIENIA:
f) Połącz wszystkie składniki w misce miksera stojącego i ubijaj, aż będą gładkie.
g) Dodaj połowę pokruszonych herbatników.
h) Nabieraj łyżką porcję nadzienia sernikowego i układaj na wierzchu pozostałych okruchów ciasteczek.
i) Upewnij się, że kawałek serka śmietankowego jest całkowicie pokryty herbatnikami, zwijając go. Włóż je do zamrażarki.

86. Sernik z frytkownicy powietrznej

Robi: 12

SKŁADNIKI:
- 200g sera śmietankowego
- ½ szklanki Natvii
- 1 łyżeczka ekstraktu waniliowego
- ½ szklanki mąki migdałowej

INSTRUKCJE:
a) Rozgrzej frytkownicę do 180ºC przez 3 minuty.
b) Serek śmietankowy pokroić w kostkę i przełożyć do miski.
c) Dodaj Natvia (zachowując 2 łyżki stołowe na później) i wanilię i mieszaj, aż będzie gładka i gładka. Przechowywać w lodówce przez 15 minut.
d) Uformować 16 równych kulek.
e) W małej misce wymieszaj mąkę migdałową z 2 łyżkami Natvia.

87. Sernik z dyni Tarta

Tworzy: 1

SKŁADNIKI:
SKÓRA
- ¾ szklanki mąki migdałowej
- ½ szklanki siemienia lnianego
- ¼ szklanki masła
- 1 łyżeczka przyprawy do ciasta dyniowego
- 25 kropli płynnej stewii

NADZIENIE
- 6 uncji wegańskiego sera śmietankowego
- ⅓ szklanki puree z dyni
- 2 łyżki kwaśnej śmietany
- ¼ szklanki wegańskiej ciężkiej śmietanki
- 3 łyżki masła
- ¼ łyżeczki przyprawy do ciasta dyniowego
- 25 kropli płynnej stewii

INSTRUKCJE:
a) Wszystkie suche składniki kruszonki łączymy ze sobą i dokładnie mieszamy.
b) Zmiksuj suche składniki z masłem i płynną stewią, aż powstanie ciasto.
c) Aby przygotować mini foremki do tarty, rozwałkuj ciasto na małe kulki.
d) Dociśnij ciasto do ścianek formy do tarty, aż będzie sięgać i podnosić się po bokach.
e) Połącz wszystkie składniki nadzienia w misce.
f) Zmiksuj składniki nadzienia za pomocą blendera zanurzeniowego.
g) Gdy składniki nadzienia będą gładkie, rozprowadź je na cieście i schłodź.
h) Wyjmij z lodówki, pokrój w plastry i ewentualnie udekoruj bitą śmietaną

88. Tarty sernikowe Amaretto

Porcje: 24 porcje

SKŁADNIKI:
- ⅓ szklanki Ziarna słonecznika lub migdały drobno zmielone
- 8 uncji sera śmietankowego
- 1 jajko
- ⅓ szklanki niesłodzonych wiórków kokosowych
- 2 łyżki miodu
- 2 łyżki likieru Amaretto

INSTRUKCJE:
a) Wyłóż papierowe foremki do dwóch foremek na muffiny (po jeden tuzin w każdej). Połącz ziarna słonecznika i kokos. Umieść 1 łyżeczkę tej mieszanki w każdej wkładce.
b) Dociśnij wierzchem łyżki, aby przykryć dna.
c) Rozgrzej piekarnik do 325F.
d) Aby przygotować nadzienie, pokrój serek śmietankowy na 8 bloków i zmiksuj z jajkiem, miodem i Amaretto w robocie kuchennym, blenderze lub misce do uzyskania gładkiej i kremowej konsystencji.
e) Nałóż łyżkę nadzienia do każdej tartaletki i piecz przez 15 minut

89. Lody Sernikowe

Sprawia, że: 1 pinta

SKŁADNIKI:
- 1 arkusz żelatyny
- 1 szklanka mleka
- ½ porcji Płynnego Sernika
- 1 łyżka kwaśnej śmietany
- ½ szklanki porcji Graham Crust
- ¼ szklanki mleka w proszku
- ½ łyżeczki soli koszernej

INSTRUKCJE:
a) Bloom żelatynę.
b) Podgrzej trochę mleka i wymieszaj z żelatyną, aby się rozpuściła.
c) Przenieś mieszaninę żelatyny do blendera, dodaj pozostałe mleko, płynny sernik, kwaśną śmietanę, ciasto graham, mleko w proszku i sól, i ucieraj, aż będzie gładkie i równe.
d) Przelej bazę lodową przez sitko o drobnych oczkach do maszyny do lodów i zamroź zgodnie z instrukcją producenta.

90. **Sorbet Sernikowy**

Porcje: 8 porcji

SKŁADNIKI:
- 1 szklanka cukru granulowanego
- 2 szklanki maślanki
- 1 łyżeczka startej skórki z cytryny
- ¼ szklanki soku z cytryny

INSTRUKCJE:
a) Mieszaj wszystkie składniki, aż cukier się rozpuści.
b) Wlać do 1-litrowej zamrażarki do lodów.
c) Zamrozić zgodnie z zaleceniami producenta.

91. Przepis na Lody Sernikowe

Porcje: 6 porcji

SKŁADNIKI:
- 4 uncje serka śmietankowego w temperaturze pokojowej 4 uncje serka śmietankowego w temperaturze pokojowej
- ¼ szklanki wody
- ¼ szklanki cukierków Swerve
- 1 ½ łyżeczki czystego ekstraktu waniliowego
- ¼ łyżeczki świeżego soku z cytryny
- 10 kropli płynnej stewii
- ¾ szklanki gęstej śmietany kremówki

INSTRUKCJE:

a) W dużej misce ubij ser śmietankowy, wodę, cukierki Swerve, wanilię, świeży sok z cytryny i płynną stewię, aż uzyskasz gładkość.

b) Ubij ciężką śmietanę na sztywną pianę w średniej misce.

c) Ubij ¼ bitej śmietany do masy serowej, aż będzie gładka. Za pomocą gumowej szpatułki dodawaj po ¼ pozostałej bitej śmietany.

d) Delikatnie wlej mieszaninę do 9-calowej formy na bochenek, połóż kawałek plastikowej folii bezpośrednio na wierzchu i zamrażaj, aż będzie wystarczająco sztywny, aby można było go nabrać, co najmniej 4 godziny lub do 2 tygodni.

92. Lody Sernik Borówkowy

Porcje: 12 porcji

SKŁADNIKI:
- 12 uncji sera śmietankowego, temperatura pokojowa
- ½ łyżki soli
- 1 szklanka niesłodzonego mleka migdałowego o temperaturze pokojowej
- ¼ szklanki mascarpone, temperatura pokojowa
- 2 łyżki wanilii
- 1 łyżka ekstraktu lub soku z cytryny
- ¼ szklanki kwaśnej śmietany, temperatura pokojowa
- 1 szklanka słodzika Swerve
- 1 szklanka jagód

INSTRUKCJE
a) Przygotuj i zbierz składniki. Jeśli model zaleca, zamroź miskę do mieszania maszyny do lodów na co najmniej 24 godziny. Serek śmietankowy, mascarpone, mleko migdałowe i kwaśna śmietana powinny mieć temperaturę pokojową.
b) W mikserze z przystawką do mieszania serka śmietankowego, aż będzie gładki. Okresowe zeskrobywanie miski
c) Dodaj cukier i sól, gdy mikser pracuje, i mieszaj, aż składniki się połączą i będą gładkie. Dodać mascarpone i miksować do połączenia się składników i uzyskania gładkiej konsystencji.
d) Powoli dodawać mleko, wanilię, cytrynę i śmietanę.
e) Przelej masę do miski i wstaw do lodówki na co najmniej 2 godziny lub na całą noc. Musi być dobrze schłodzony.
f) Posiekaj jagody pulsacyjnie w robocie kuchennym lub z grubsza posiekaj nożem. Mieszanka, która jest częściowo gruba, a częściowo rozdrobniona, jest idealna. Schłodzić jagody w lodówce przez co najmniej 2 godziny lub całą noc.
g) Postępuj zgodnie z instrukcjami producenta dotyczącymi robienia lodów. Model, którego użyliśmy, jest wyposażony w

przystawkę do mrożonej miski, która jest wstępnie zamrażana przez 24 godziny w zamrażarce. Nie potrzeba soli ani lodu.

h) Ustaw maszynę do lodów zgodnie z instrukcjami producenta i włącz ją. Wlej mieszaninę do zamrożonej miski zamrażarki i mieszaj, aż zacznie gęstnieć przez około 10 do 15 minut.

i) Dodaj jagody i kontynuuj mieszanie przez kolejne 5 do 10 minut, aż lody zaczną zamarzać i będą miały miękką kremową konsystencję. Przenieś lody do hermetycznego pojemnika i zamrażaj jeszcze przez kilka, aż do uzyskania pożądanej konsystencji.

j) Kiedy będziesz gotowy do jedzenia, pozwól lodom zmięknąć na blacie (w razie potrzeby), zgarnij je i ciesz się!

93. Lody Jabłkowo-Serowe

Robi: 6

SKŁADNIKI:
- 5 gotowanych jabłek, obranych i pozbawionych gniazd nasiennych
- 2 szklanki twarogu, podzielone
- 1 szklanka pół na pół, podzielona
- ½ szklanki masła jabłkowego, podzielone
- ½ szklanki cukru pudru, podzielone
- ½ łyżeczki mielonego cynamonu
- ¼ łyżeczki mielonych goździków
- 2 jajka

INSTRUKCJE:
a) Pokrój jabłka w ¼-calową kostkę; odłożyć na bok. W blenderze lub robocie kuchennym połącz 1 szklankę twarogu, ½ szklanki pół na pół, ¼ szklanki masła jabłkowego, ¼ szklanki cukru, cynamon, goździki i jedno jajko.
b) Miksuj do uzyskania gładkości. Wlać do dużej miski.
c) Powtórz z pozostałym twarogiem, pół na pół, masłem jabłkowym i jajkiem. Połączyć z wcześniej zmiksowaną masą. Wmieszać pokrojone jabłka.
d) Wlać do pojemnika na lody. Zamrozić w maszynce do lodów zgodnie z instrukcją producenta.

94. Lody Sernik Wiśniowy

Robi: 1½ kwarty

SKŁADNIKI:
- 3 uncje sera śmietankowego, zmiękczonego
- 1 (14 uncji) puszka słodzonego skondensowanego mleka
- 2 szklanki pół na pół
- 2 szklanki śmietany kremówki
- 1 łyżka ekstraktu waniliowego
- ½ łyżeczki ekstraktu migdałowego
- 10 uncji wiśni maraschino, odsączonych i posiekanych

INSTRUKCJE:
a) W dużej misce miksera ubij serek śmietankowy na puszystą masę.
b) Stopniowo dodawać słodzone mleko skondensowane, aż będzie gładkie.
c) Dodaj pozostałe składniki; Dobrze wymieszać.
d) Wlać do pojemnika do zamrażania lodów i zamrozić zgodnie z zaleceniami producenta.

95. **Sernik z wędzonym łososiem**

Sprawia, że: 1 porcja

SKŁADNIKI:
- 12 uncji Serek śmietankowy, zmiękczony
- ½ funta Wędzonego łososia lub Lox
- 3 jajka
- ½ szalotki, posiekanej
- 2 łyżki gęstej śmietany
- 1½ łyżeczki soku z cytryny
- szczypta soli
- szczypta biały pieprz
- 2 łyżki cukru pudru
- ½ szklanki jogurtu naturalnego
- ¼ szklanki kwaśnej śmietany
- 1 łyżka soku z cytryny
- ¼ szklanki mielonego szczypiorku
- Pokrojoną w kostkę czerwoną i żółtą paprykę

INSTRUKCJE:
a) W misie miksera ubij ser, aż będzie bardzo miękki. W robocie kuchennym zmiksuj łososia na pastę; dodawać po jednym jajku i szalotkę.
b) Umieść mieszankę łososia w misce; wymieszać ze śmietaną, sokiem z cytryny, solą, pieprzem i cukrem; dobrze wymieszać. Włożyć do ubitej śmietany.
c) Wlać do wysmarowanej masłem 7- lub 8-calowej wiosennej formy. Umieść wypełnioną blachę w większej blasze do pieczenia; otocz mniejszą patelnię 1 calem gorącej wody. Piec przez 25 do 30 minut.
d) W międzyczasie zrobić sos.

96. Sernik z kurczakiem i chilli

Porcje: 8 porcji

SKŁADNIKI:
- 1⅓ szklanki Drobno pokruszone chipsy tortilla
- ¼ szklanki roztopionego masła lub margaryny
- 3 (po 8 uncji) Opakowania sera śmietankowego, zmiękczonego
- 4 jajka
- 1 łyżeczka chili w proszku
- 1 łyżeczka sosu Worcestershire
- ¼ łyżeczki soli
- 3 łyżki Zmielonej zielonej cebuli
- 1½ szklanki Drobno rozdrobnionego ugotowanego kurczaka
- 2 (4 uncje każda) puszki siekanych zielonych papryczek chilli, odsączonych
- 1½ szklanki rozdrobnionego sera Monterey Jack
- 16 uncji Śmietana
- 1 łyżeczka przyprawiona sól
- Dekoracja: posiekana zielona cebula
- Pikantny Sos

INSTRUKCJE:

a) Połącz chipsy tortilla i masło. Naciśnij na dole i 1 cal w górę po bokach 9-calowej tortownicy.

b) Odstawić Serek śmietankowy ubić mikserem elektrycznym na wysokich obrotach, aż będzie jasny i puszysty. Dodaj jajka, jedno po drugim, dobrze ubijając po każdym dodaniu. Dodaj chili w proszku, sos Worcestershire, sól i posiekaną zieloną cebulę.

c) Wlej połowę masy serowej do przygotowanej formy. Posypać kurczakiem, chilli i serem Monterey Jack. Ostrożnie wlej pozostałą mieszaninę serka śmietankowego na wierzch.

d) Piec w temperaturze 350 F przez 10 minut; zmniejsz ciepło do 300 F i piecz przez dodatkową godzinę lub do zestalenia. Całkowicie ostudzić na stojaku z drutu.

e) Połącz śmietanę i przyprawioną sól. Rozsmarować równomiernie na wierzchu sernika. Przykryć i schłodzić przez co najmniej 8 godzin. Udekoruj według uznania i podawaj z sosem Picante.

97. Serniki z mięsem kraba z krabem

Porcje: 4 Porcje

SKŁADNIKI:
- 2½ funta Gotowany krab; odebrany, muszle zarezerwowane
- 4 szklanki wody
- 1 szklanka białego wytrawnego wina
- 1 cebula; posiekana
- 2 marchewki; posiekana
- 1 ząbek czosnku; mielony
- 2 łyżki koncentratu pomidorowego
- 1 dekoracja bukietu; 3 gałązki pietruszki, 3 gałązki tymianku, 1 liść laurowy i 10 ziaren pieprzu
- ½ szklanki śmietanki kremówki
- 6 uncji sera śmietankowego; w temperaturze pokojowej
- 2 jajka
- ½ szalotki; mielony
- 1 łyżka posiekanych pomidorów; zaszczepiony
- 1 mały ząbek czosnku; mielony
- 1½ łyżeczki świeżego koperku; mielony
- 1½ łyżeczki Świeży sok z cytryny
- pieprz cayenne w proszku, do smaku
- ½ szklanki schłodzonego niesolonego masła; trzymam się
- Kawior; opcjonalny

INSTRUKCJE:
NA SOS
a) Rozgrzej piekarnik do 350 stopni. Rozbij kraba i wyjmij mięso z muszli. Przykryj i schłodź mięso, aż będzie gotowe do użycia.
b) Umieść skorupy krabów na brytfannie i piecz, aż nabiorą aromatu. Około 20 minut. Muszle przełożyć do ciężkiego, dużego garnka.
c) Dodaj wodę, wino, cebulę, marchewkę, czosnek, pastę pomidorową i bukiet i zagotuj. Zmniejsz ogień i gotuj na wolnym ogniu, aż płyn zredukuje się do ½ szklanki, mieszając od czasu do czasu przez około 1½ godziny. Napięcie.

d) Dodaj śmietanę do płynu z gotowania i gotuj, aż zredukuje się do ¾ szklanki, mieszając od czasu do czasu około 10 minut.
e) Przykryć i schłodzić.

NA SERNIKI

f) Posmaruj masłem cztery ⅔ szklanki sufletów. Za pomocą miksera elektrycznego ubij serek śmietankowy w średniej misce, aż będzie puszysty. Wbij jajka. Wymieszaj szalotki, pomidory, czosnek, koperek i sok z cytryny. Wmieszaj mięso kraba. Doprawiamy do smaku solą, pieprzem i cayenne.
g) Podziel mieszaninę między naczynia. Piec, aż centra się zetną, około 30 minut. Lekko ostudzić.

SKOŃCZYĆ

h) Przejedź ostrym nożem po bokach miseczek, aby poluzować serniki. Odwróć 1 na każdym talerzu. Doprowadź sos do wrzenia.
i) Stopniowo dodawaj masło i mieszaj, aż się rozpuści. Doprawiamy do smaku solą, pieprzem i cayenne. Sosem polać serniki. W razie potrzeby udekoruj kawiorem.

98. Sernik Daiquiri

Porcje: 12 porcji

SKŁADNIKI:
- 1½ opakowania krakersów Graham, pokruszonych
- 6 Masło, roztopione
- 24 uncje Serek śmietankowy, zmiękczony
- 5 jaj Jumbo, oddzielone
- ⅔ szklanki cukru
- 2 Koperty żelatynowe
- ½ szklanki jasnego rumu
- ⅓ szklanki cukru
- ⅔ szklanki Świeży sok z limonki
- 1½ łyżeczki Świeżo startej skórki z limonki
- 1½ łyżeczki Świeżo startej skórki z cytryny
- 1-litrowa bita śmietana
- ½ szklanki cukru pudru

INSTRUKCJE:
a) Składniki na spód wymieszać i wyłożyć na dno tortownicy. Piec w temperaturze 350 ~ F przez 10 minut. Zmiękcz żelatynę w małym rondlu z ¾ szklanki wody.
b) Żółtka utrzeć z cukrem. Dodaj do mieszanki żelatyny z sokiem z limonki, rumem i skórkami i gotuj na med. ciepło. ciągle mieszając, aż mieszanina zgęstnieje i zacznie bąbelkować. Fajny.
c) Ubij ser w dużej misce, aż będzie jasny i puszysty. Powoli dodawać mieszaninę żelatyny i dobrze wymieszać.
d) Ubij białka, aż utworzą się miękkie szczyty. Dodać cukier puder i dalej ubijać, aż powstanie sztywna piana. Włożyć do masy serowej.
e) Ubić śmietanę i wymieszać z masą serową.
f) Wylać na spód i wstawić do lodówki na kilka godzin lub całą noc.

99. Sernik Pina Colada

Sprawia, że: 1 porcja

SKŁADNIKI:
- Kruszonka Kokosowa
- 2 koperty z niesmakowanej żelatyny
- Cukier
- 1 puszka (6 uncji) soku ananasowego
- 3 jajka, oddzielone
- 3 paczki (po 8 uncji każda) sera śmietankowego, zmiękczonego
- ¼ szklanki ciemnego rumu jamajskiego
- ¼ łyżeczki ekstraktu z kokosa
- 1 puszka (20 uncji) pokruszonego ananasa
- 1 łyżka skrobi kukurydzianej

INSTRUKCJE:
a) Przygotuj ciasto kokosowe (patrz poniżej). Wymieszaj żelatynę i ½ szklanki cukru w rondlu. Dodać sok ananasowy. Stań przez 1 minutę. Podgrzewaj na małym ogniu, aż żelatyna się rozpuści (5 minut). Zdjąć z ognia.
b) Dodaj żółtka, jedno po drugim dobrze ubijając po każdym. Lekko ostudzić. Serek kremowy ubić na puszystą masę.
c) Wymieszaj mieszaninę żelatyny z rumem i ekstraktem kokosowym.
d) Szybko schłodź, ustawiając mieszaninę nad miską z lodowatą wodą; mieszać, aż lekko zgęstnieje. Ubij białka jaj, aż się spienią.
e) Stopniowo dodawaj ¼ szklanki cukru, aż utworzą się sztywne szczyty. Włożyć do żelatyny. Zamień w przygotowaną skórkę. Przechowywać w lodówce przez noc.
f) W rondlu połącz nieodsączonego ananasa z 2 łyżkami cukru i skrobią kukurydzianą. Gotować, mieszając, aż się zagotuje i zgęstnieje. Fajny. Łyżka na sernik. Serwuje od 8 do 10.
g) Kokosowe ciasto Wymieszaj 1½ filiżanki okruchów wafli waniliowych z 1 szklanką wiórków kokosowych. Wmieszaj ⅓ szklanki stopionego masła. Wciśnij spód i boki tortownicy o średnicy 8 lub 9 cali. Schłodzić, aż będzie gotowy do użycia.

100. Kahlua i kremowy sernik

Sprawia, że: 1 porcja

SKŁADNIKI:
- 2 szklanki twardej czekolady Cookie Crumbs, pokruszonej
- ½ szklanki masła
- 3 łyżki cukru
- 3 (8 uncji) opakowania serka śmietankowego, zmiękczone
- 2 szklanki cukru
- 3 jajka
- ½ szklanki Kahlua
- 1 łyżeczka wanilii
- 1 szklanka kwaśnej śmietany

GLAZURA
- 1 szklanka cukru cukierniczego
- ¾ szklanki kwaśnej śmietany
- 3 łyżki Kahlua
- Bita śmietana do dekoracji

INSTRUKCJE:
SKORUPA
a) Wymieszaj mieszaninę skorupy i wciśnij do tortownicy.
b) Gotuj przez 5 minut w 350 stopniach. Ostudzić.

POŻYWNY:
c) Mieszaj krok po kroku mikserem elektrycznym. Wylać na spód ciasta. Piec przez 55 do 60 minut w temperaturze 350 stopni. Zostawić w piekarniku na 1 godzinę z otwartymi drzwiczkami.
d) Wyjąć i schłodzić do ostygnięcia. Przygotuj glazurę. Upewnij się, że konsystencję można łatwo nalać.
e) Rozłóż na wierzchu i wstaw do lodówki na 6 godzin. Podawać z bitą śmietaną.

WNIOSEK

Mamy nadzieję, że podobało Ci się odkrywanie z nami świata serników bez pieczenia. Od klasycznych smaków po wyjątkowe kombinacje — mamy dla Ciebie 100 pysznych i łatwych do przygotowania przepisów, które zaspokoją Twój apetyt na słodycze.

Pamiętaj, że serniki bez pieczenia to uniwersalny deser, którym można się delektować o każdej porze roku. Niezależnie od tego, czy świętujesz specjalną okazję, czy po prostu chcesz zrobić sobie przyjemność, te przepisy na sernik z pewnością zrobią wrażenie.

Zachęcamy do eksperymentowania z różnymi kombinacjami smakowymi i technikami dekorowania, aby te serniki były Twoje. A co najważniejsze, baw się dobrze w kuchni!

Dziękujemy za dołączenie do nas w tej słodkiej podróży. Mamy nadzieję, że książka kucharska Serniki bez pieczenia zainspirowała Cię do stworzenia nowych i trwałych wspomnień z rodziną i przyjaciółmi przy kawałku pysznego sernika.

Ingram Content Group UK Ltd.
Milton Keynes UK
UKHW021150220623
423869UK00009B/32